아니메에서
일본을 만나다

조성기 지음

어문학사

  일본은 뜸하다 싶으면 다시 '독도' 문제를 들고 우리를 찾아온
다. 그리고 그럴 때마다 우리는 역사적으로 '임진왜란'과 '한일
합방'이라는 침략의 과거를 떠올리게 되는 역사적 경험을 공유
하고 있다. 그렇다면 도대체 그들의 머릿속은 어떻게 생겼기에,
우리가 보기에 어처구니없는 주장을 끊임없이 펼치게 되는 것일
까? 우리는 그들의 머릿속에라도 들어가고 싶은 심정이다.

  그런데 그 해답을 우리가 매일매일 접할 수 있는 일본 애니
메이션에서 찾을 수 있다고 설명한다면 쉽게 이해할 수 있을
까? 그것이 가능한 이유는 지금까지 일본에서 만들어 온 애니
메이션은 일본인들을 위해 만들어진 대중문화이기 때문에, 진
솔하게 일본의 숨겨진 모습을 가감 없이 우리에게 보여줄 수 있
기 때문이다. 이는 마치 TV '막장 드라마'를 통해 남편의 바람
기를 걱정하는 아줌마들의 사회심리를 읽을 수 있고, 전통 마당

극을 통해 양반 계급에 대한 반항심리를 읽을 수 있는 것과 같은 원리이다.

그런 점에서 이 책은 예술 작품을 통해 당대의 사회적 흐름과 사회 심리를 분석하는 예술 사회학적 접근에 바탕을 두고 있다. 아놀드 하우저의 '문학과 예술의 사회사'와 같이, 어느 시대이건 문화 예술 속에는 그 문화가 탄생하게 된 독특한 코드가 숨겨져 있고, 그 코드를 들여다보면 특정 작품이나 유행이 나오게 된 문화적 배경과 사람들의 심리와 집단 무의식의 세계까지 읽을 수 있다는 예술 사회학적 시각에서, 일본의 애니메이션이야말로 일본을 가장 잘 설명해줄 수 있는 '무의식 세계의 원더랜드'이자 대중문화와 사회와의 관계를 가장 잘 설명해줄 수 있는 '대중문화이해의 초파리'라는 점을 이해할 수 있게 될 것이다.

『아니메에서 일본을 만나다』는 필자가 콘텐츠, 미디어산업

현장에서 끊임없이 질문하고 이해하고자 노력했던 대중의 사회
심리에 대한 성찰과 일본 애니메이션에 대한 개인적인 특별한 관
심을 바탕으로 정리해온 대중문화읽기의 결과물이다. 이 책을
읽음으로써 여러분은 일본의 역사, 문화를 깊이 있게 이해하게
될 수 있을 뿐만 아니라, 대중문화를 통해 세상을 읽을 수 있는
방법을 한층 더 깊이 있게 성숙시킬 수 있을 것이라고 기대한다.

조 성 기

차 례

1장
아니메란?

1. 아니메 ; 일본의 애니메이션

일본 애니메이션은 해외에서는 Japan과 Animation의 합성
어인 재패니메이션Japanimation으로 불리워지거나 일본인들이
스스로 애니메이션을 부를 때 사용하는 용어인 '아니메'(애니
메이션의 일본식 발음)라는 이름으로 불리워진다. 이는 일본 애
니메이션이 그만큼 일본색이 뚜렷한 제작 스타일과 내용으로
다른 나라의 애니메이션과는 명확히 구분되기 때문에 붙여
진 이름이다. 우리는 한국영화, 미국영화, 일본영화와 같이 각
국가명에 영화라는 말을 붙여 그 나라에서 만들어진 영화를
분류하기도 한다. 하지만 애니메이션에서만큼은 그런 분류가
무의미하다. 왜냐하면 전 세계에서 상업화된 형태의 애니메
이션을 만드는 나라는 미국, 일본을 제외하고는 거의 없기 때
문이다. 물론, 한국을 포함하여 자국의 문화산업을 보호하려
는 선진국에서 애니메이션이 만들어지고 있지만, 그런 산업의
경우 일본 애니메이션이라고 할 때의 무게감은 가질 수 없다.
왜냐하면 일본 애니메이션이란 오늘날 애니메이션을 전 세계
에서 미국과 양분하면서, 실제로 초등생 이상의 TV 애니메이
션 프로그램 시장에서는 세계를 석권하고 있기 때문이다. 그
렇다면, 전 세계가 일본 애니메이션에 열광하는 이유는 무엇

일까?

우선 첫 번째 이유는 일본 애니메이션의 독특한 스타일이다. 일본 애니메이션은 애니메이션을 단순히 일본에서 만들었다는 것을 의미하지 않는다. 애초에 미국에서 산업화된 애니메이션이 1초당 24장의 필름이 상영되는 동안 가장 자연의 움직임을 잘 묘사하여 표현하는 데 주력하였다면, 일본 애니메이션은 일본의 전통적인 공연, 미술의 정중동의 아름다움을 표현하는 데 기반을 두고 있어, 어느 누가 보더라도, 일본 애니메이션은 명확한 스타일의 차이를 가지고 있다. 어떤 면에서는 이름만 같은 애니메이션이지, 사실상 다른 예술 형태라고 불러도 무방할 정도이다. 마치 이탈리아의 스파게티와 한국의 비빔국수가 단지 국수가 재료라는 이유만으로 같은 요리라고 통칭하기 어려운 점과 일맥상통한다. 우리에게는 너무나 익숙한 일본 애니메이션의 리미티드 기법이 보여주는 정지 기법은 일본의 전통예술에 뿌리를 두고 있다.

둘째, 일본의 독특한 산업구조이다. 애니메이션은 하나의 산업으로 존재한다. 수많은 노동력이 투여되어 하나의 TV시리즈를 만들어내는 TV 애니메이션산업은 한 작품을 만들어내는 데 최소한 몇 백 명의 인원이 짧은 시간 내에 투입되어야 완성이 가능하다. 현재 일본과 같이 일년에 100개 이상의 작품이 제작되는 상황에서는 기획에서부터 마케팅에 이르기까지 최소 몇 만 명의 관련 인력이 애니메이션산업에서 유지되고 있다는 것을 의미한다. 바로 그 점에서 일본 애니메이션의 오랜 하청국의 역사를 가진 한국이 애니메이션이 산업화하지 못하는 이유가 있다. 한국도 역시 일본과 마찬가지로 많은 애니메이션 인력이 일본의 애니메이션 제작을 하청 작업하기 위해 항상 대기상태로 존재한다. 그럼에도 불구하고, 한국의 애니메이션이 산업으로 존재하지 못하는 것은 이 산업적인 형태의 제작구조의 전체 완결적인 자기 결정능력이 일본에만 있기 때문에, 한국에서 아무리 애니메이션 제작인력을 보유한들, 산업구조가 형성되기는 어렵다는 데 한계가 있다.

즉 단순히 제작인력이 있다는 것이 아니라, 제작된 애니메이션이 광고 수익으로 TV 방송을 통해 매출을 함으로써, 재생산이 되는 구조에 있어야 하는데, 일본이 연간 100개 이상의 작품을 소비할 수 있는 매출구조를 가지는 상황인 반면, 한국의 애니메이션산업은 애니메이션 시청률이 비용을 커버할 정도의 매출을 보장받지 못함으로써, 산업으로서의 자생력을 갖지 못한 상태인 것이다. 이런 점 때문에 정부에서 지속적으로 애니메이션산업을 지원하는 정책을 추진하여왔으나, 한국의 애니메이션산업은 그런 지속적인 지원에도 불구하고 자생적인 산업 경쟁력을 갖추지 못하였다. 반면, 일본은 정부의 지원이 없지만 산업적인 자생력을 갖고 있기 때문에 세계적으로 사랑받는 애니메이션산업을 유지 발전시키고 있는 것이다.

셋째, 일본은 전 세계가 인정하는 만화천국이라는 점이 애니메이션이 일본에서 연간 100작품 이상 생산되고 소비될 수 있게끔 만든 가장 큰 원동력이 될 수 있었다. 1995년도 조사에 의하면, 일본 잡지 서적의 판매고 중에서 만화가 차지하는 비중은 약 40%이며 만화책, 만화잡지의 실 판매 부수는 약 19억 권으로, 일본의 총인구 한 명당 1년에 15권의 만화책이나 만화잡지를 읽는다고 한다. 이러한 수치는 일본에서 만화가 차지하는 비중을 보여주는데, 일본의 만화는 수백만 부의 판매부수를 자랑하는 만화 주간지를 통해 어린이로부터 성인에 이르기까지 누구나 당당히 지하철과 같은 공공장소에서도 읽을 수 있는 오락매체이다. 일본의 대표적 출판사인 고단샤, 쇼각칸이 동시에 일본의 대표적인 만화 출판사라는 점은 일본 만화의 대중적 영향력과 산업적 위치를 의미한다.

만화에서 흥행성에 대한 검증을 마친 작품은 다시 TV 방송국과의 공동 기획으로 TV용 애니메이션으로 멀티 유즈된다. 그런 점에서 일본 애니메이션이 세계에서 사랑받는 이유는 탄탄한 원작을 제공한 일본 만화산업의 활성화에 뿌리를 두고 있다고 할 수 있다. 우리가 알고 있는 대표적인 인기 애니메이션인 **아톰**, **마징가Z**, **드래곤 볼**, **슬램덩크**, **짱구는 못 말려** 모두 일본 만화시장에서 대박을 경험한 만화를 원작으로 제작된 사례이다.

마지막으로, 일본인들의 국민성을 들 수 있다. 애니메이션은 철저한 관리와 함께 창조적인 문화라는 상반된 요소를 필요로 한다. 일본인들은 흔히 개미로 비유되는 국민성을 갖고 있다. 애니메이션은 여러 사람이 함께 작업해나가는 작업이고, 전체 과정이 잘 관리되어야 하는 동시에 창조성을 유지해야 한다. 일본인들은 개인보다는 소속 집단과 사회를 우선시하는 오랜 전통에서 자기 맡은 업무에 충실하는 이른바 '남에게 폐를 끼치지 않으려는' 문화를 가지고 있어서, 애니메이션과 같은 협업작업에 경쟁력이 뛰어나다. 동시에 일본의 창작자들은 하나의 이야기를 어떻게 표현할 것인가에 대하여 끊임없이 자기 계발을 아끼지 않은 크리에이터로서의 장인정신 또한 가지고 있다.

2000년대 이후 일본 애니메이션은 명확한 침체기의 징후를 보이고 있다. 모두 인터넷과 게임산업과 같은 대체제산업의 활성화에 따른 영향이다. 그로 인해 일본에서도 제작비 투자가 어려운 경우의 작품 기획이 많아지고 작품의 시청률은 감소추세를 보이고 있는 것이 사실이다. 하지만 일본 애니메이션은 탄탄한 산업기반과 만화산업과의 오랜 협력관계를 바탕으로, 새로운 산업 환경에 맞추어 게임산업의 성장과 함께 엔터테인먼트산업에서 새로운 역할을 할 것으로 기대된다. 그리고 여전히 전 세계인의 사랑을 받을 수 있는 일본의 독특한 산업으로 살아남을 것이다.

2. 아니메 ; 일본인의 무의식 세계

일본은 만화의 왕국이다. 그리고 히트된 만화는 다시 아니메로 제작되어지는 일본 애니메이션산업 패턴을 볼 때, 일본인들은 아니메의 세계에서 매일 매일을 생활하고 있으며 아니메를 통해, 삶의 활력소를 찾고 있다고 말할 수 있을 것이다.

아니메의 세계는 때로는 웃긴 이야기를, 때로는 가슴 아픈 이야기를 들려주면서, 이 세상 어느 사회보다 꽉 짜여진 일본이라는 감옥에서 일본인 스스로가 탈출하고자 만들어 놓은 상상의 탈출구이다. 즉 일본인들을 위하여, 일본인들에 의하여 만들어진 현대의 설화이며 신화이며 우화인 것이다. 그래서 애니메이션을 통해 본 일본인의 정신세계는 그들의 현실적 삶의 방식이라기보다는 반대로 삶에 대한 상상적 이미지인 것이다. 즉 애니메이션의 세계는 일본인의 의식 세계가 아니라, 무의식의 세계인 것이다.

따라서 아니메 중 대부분의 장면에서는 일본인들로서는 너무 당연해서 설명이 필요 없는 이야기가 담길 것이고, 때로는 직접적으로 설명하기에 곤란한 이야기들이 은연중에 아니메 속에 담겨져서 시청자에게 전달될 것이다.

작은 국내시장을 가지고 있어서, 해외 판매를 전제로 수익성이 확보되는 우리나라와는 달리, 대부분의 일본 애니메이션은 오직 일본 국내 시장을 위하여 기획된 것들이기 때문에, 애니메이션 창작자들은 오직 일본인만을 위해 작품을 창작한다. 그 결과, 일본 애니메이션은 일본만의 독특한 관점을 가지고, 일본인의 정신세계를 그대로 들여다 볼 수 있도록 해주는 것이다. 그 결과 우리는 잘 알려지지 않은 일본의 모습을 아니메에서 보게 되고, 때로는 아니메 속 장면의 의미를 사실은 잘 알지 못하는 경우가 많이 있게 된다.

흔히 일본인을 일 중독자, 경제동물, 창조적이지 못한 모방자라고 격하시키는 것은 쉽다. 또한 일본이 우리 이웃에 살고 있기 때문에, 우리와 비슷한 전통을 가지고 살고 있다고 착각하기 쉽다. 하지만 아니메를 깊이 있게 들여다본다면 우리는 일본인들의 독특한 정신세계를 발견하게 될 수 있다.

일본인들은 예절 바르고 타인을 의식하는 국민성을 가지고 있기 때문에 만약 창작자가 자신의 작품이 해외에 번역되어 수출된다는 사실을 전제로 한다면, 창작자들은 정말 자신이 표현하고 싶은 일본인다운 이야기를 담지 못할 것이다. 왜냐하면 그들이 자기나라를 좋은 면에서 보이고 싶다는 이유가 아니라, 해외 시청자에게도 알기 쉽게 만들어야 한다는 책임감 같은 의미에서 그러하다. 어쩌면, 우리가 애니메이션의 독특한 매력에 끌리는 이유도, 바로 꾸밈없이 일본인들의 무의식을 들여다볼 수 있기 때문일지 모른다.

바로 그 점에서 일본 애니메이션은 일본인 스스로를 위해 숨김없는 자신의 무의식의 세계를 드러내고 있다는 점에서, 우리의 가까운 이웃이면서도 우리에게조차 쉽게 이해할 수 없는 존재가 되어왔던 일본, 일본인의 진면목을 정확하게 밝혀줄 수 있는 장점을 가지고 있는 소중한 텍스트라고 할 수 있다.

마치 국내외를 막론하고 TV 방송국들이 '막장 드라마'라는 용어가 나올 정도로 온갖 황당한 이야기 설정을 하여 사람들의 마음속에 있는 복수, 불륜, 패륜에 대한 호기심과 걱정을

드라마로 표현해냄으로써 높은 시청률을 올리고 있는 작금의
상황과 마찬가지로, 일본의 아니메 역시 인기를 끌기 위해서
는 정말 일본인들이 생각하는 상상들을 소재로 표현하게 된
것이다. 그리고 그러한 일본인들의 노력의 결과로, 일본인뿐
아니라 아니메를 사랑하는 전 세계인들이 함께 공상과학 아
니메에서 코믹 아니메까지, 어린이용 작품에서 성인용 작품에
이르기까지 다종다양한 작품을 즐길 수 있게 된 것이다.

아니메는 김대중 정부의 일본문화 개방정책 이후, 우리 사
회에 빼놓을 수 없는 오락거리로 자리 잡게 되었기 때문에,
매일 저녁이면 지상파 방송에서 볼 수 있고, 애니메이션 전
문 케이블방송은 곧 아니메 채널을 의미할 정도로, 우리에게
도 생활의 일부가 되어버렸다. 또한 청소년들은 자신이 좋아
하는 일본 캐릭터처럼 사무라이 전사, 공주, 거지, 마술사 같
은 옷을 입는 코스튬 플레이를 즐기고 있다. 우리 청소년들
이 PC에서 케이블방송에서, 지하철에서 보고 있는 아니메는
단순한 일본의 TV프로그램에 그치는 것이 아니라, 그 문화를
창조한 일본인들의 정신세계가 담겨있는 수정구 역할을 할
수 있다는 점에서, 아니메를 통해 일본의 역사와 문화를 이해
하는 계기로 삼을 수 있다.

때로는 지나친 편집과 왜곡된 번역으로 우리나라에 들어와

국적불명의 작품이 되고마는 아니메의 현실을 보면서, 일본색
을 교묘히 편집하여 시청자들에게 우리나라 작품처럼 보이게
하려는 위장술을 쓰기 보다는 우리 청소년과 어린이들에게
좋은 국내 애니메이션을 만들어주는 문화 정책을 자신감 있
게 내놓을 수 있기를 기대해본다.

2장

일본의
정치와
사회

3. '독수리 5형제'와 일본 제국주의

일본이 20세기 초 침략전쟁을 일으킨 것은 단지 서구 제국주의에 대한 학습의 결과일까? 아니면, 일본인의 내재적 욕망일까? 만약 다시 일본에게 선택의 순간이 주어진다면, 일본은 평화를 택할 것인가? 아니면 자국의 이익을 위한 침략전쟁을 반복할 것인가? 이런 의문을 떠올리면, 우리는 먼저 일본이 400년 전 우리 조선을 침략한 임진왜란의 주범이었다는 기억을 떠올리게 될 것이다.

임진왜란(1592~1598)은 일본을 최초로 통일한 쇼군 토요토미 히데요시가 세력결집을 위한 정치적 판단으로 시작된 측면이 있다는 것을 감안하더라도, 일본에게 다시 상황이 주어진다는 가정 하에서 우리나라를 침략할 가능성을 배제하는 것은 순진한 생각인 듯하다.

물론, 그 배경에는 우리나라 남북한 인구 7천만 명 대비 일본의 1억 2천만 명, 우리나라 남북한 국토면적 210,000㎢ 대비 377,835㎢라는 우위와, GDP(국내총생산)대한민국 USD888,024M$ 대비 USD4, 340, 133M$의 경제적 차이가 존재한다. 물론 일본에 대한 경제의존도를 볼 때, 실제로는 10배 이상의 경제력 차이를 가진다는 의견이 많은 상황이므로,

일본이 대한민국을 만만하게 본다고 우리가 억울해 할 것은 없다. 우스갯 소리로 전 세계에서 일본을 만만하게 보는 사람은 한국인밖에 없다는 이야기도 있을 정도이니 말이다.

다른 한편으로는 일본은 천황제라는 신화적 우월감, 외세에 의해 침략받아본 적이 없다는 역사적 자존심을 가지고 있어서 중국의 중화사상이나 나치의 '게르만 민족주의'처럼 선민의식을 가지고 있다는 점도 침략전쟁의 가능성을 높이는 이유이다. 그런 흔적을 애니메이션에서 찾아볼 수 있을까?

우선 생각나는 것은 다카하다 이사오 감독의 **반딧불의 묘** (1988)이다. 주지하다시피 이 작품의 감독인 다카하다 이사오는 일본 제일의 역사를 가진 애니메이션 제작사 '도에이'의 노조위원장 출신이다. 이념적으로는 우익이 아닌 그조차도 근대사문제에 있어서만큼은 일본인의 시각을 가지고 있어서, 일본인은 2차 대전의 가해자가 아닌 피해자로 묘사되고 있다는 비판을 받은 바 있어, 이 작품은 우리나라에서는 그 내용적 감동에도 불구하고 불온시되어 온 작품이다. 이는 마치 히로시마 원폭 피해를 부각시키면서 자신들의 침략행위 자체는 반성하지 않는 일본인들의 인식과 맥을 같이 하는 것이다. 일본인들의 근대사에 대한 피해의식은 항상 침략의 정당화의 근거로 작용해왔다는 점에 문제의 심각한 가능성을 경계해야 한다.

　같은 논리로, **코드기어스 반역의 를르슈**(2006)에서 일본은 미래사회에 에어리어 11이라는 식민지가 되어 있는 상황을 가정하고 있다. 그 상황을 전제로 일본인들은 다시 서구 제국주의에 항거하는 작품의 스토리는 왠지 우리에게는 순수한 공상 작품으로만 받아들이기 꺼림칙하게 만든다. 이 작품에서 상징화된 '브리타니아'는 2차 대전 때의 미국을 의미하고, 에어리어 11은 곧 미국에 점령당한 일본이라는 연상을 하게 만드는 것은 지나친 해석은 아닐 것이다. 또 다른 한편, 일본 애니메이션이 '세계 정복'이라는 소재에 집착해온 것도 흥미로운 현상이다. 애니메이션에서 악의 세력 또는 외계인들은 지구나 정상적인 국제 정부를 침략하여 정의의 세력이 정당하게 맞선다는 줄거리를, 좀 전에 언급한 **코드기어스 반역의 를르슈**도 그렇지만, 이미 **마징가Z**(1972) 등 우리는 아주 많은 작품에서 찾아볼 수 있다.

　마징가Z에서는 세계정복을 노리는 헬박사와 맞서는 김박사(일본명 유미 교수)라든지, **그랜다이져**(1975)에서 지구 정복을 노리는 UFO 군단이라는 외계인에 맞서는 또 다른 김박사(일본명 우몬 겐죠 박사), **독수리 5형제**(1972)에서 알렉터 군단에 맞서는 남박사(일본명 난부 박사)들은

독수리 5형제
©tatsunoko Production/
Fuji TV

하나같이 자신이 침략을 받고 있다는 점에서 자신의 정당성을 부여받고 있다. 최근작인 **케로로 중사**(2004)는 냉전 이후의 시대상을 반영하듯, 지구 정복을 하러 오긴 했지만 어리버리한 케론성의 개구리들을 등장시켜 코믹한 이야기를 전개하고 있지만 말이다.

이 모든 작품의 공통점은 세계정복을 노리는 악의 세력이 존재하고, 그럴 경우에는 똘똘 뭉쳐 그에 맞서는 정의의 세력의 편이 되어야 한다는 논리이다. 이런 논리는 2차 대전 당시 성전을 주장했던 일본 제국주의와도 공통되는 것이다. 이런 논리는 9.11 사태 이후 이슬람 극단주의라는 악의 세력에 맞서 전쟁을 선포한 미국의 일등 우방국이 되어 미일 동맹을 강화하고 자위대를 파견하는 데 열을 올리는 일본 정부의 모습에서 일본인들은 정말 악의 세력에 대항하는 논리에 파블로프의 반응을 보이는 것은 아닐까라고 우려하게 된다. 물론 애니메이션은 '오락'으로서 봐야하겠지만 말이다.

4. '드래곤 볼'과 지방 분권주의

왜 일본은 지방 분권주의가 발달되었을까? 우리나라에 비해 넓은 면적에 험준한 산맥을 가지고 4개의 섬으로 이뤄진 국토의 지형적 특성으로 말미암은 측면이 있을 것이다. 하지만 지리적 요인뿐 아니라, 외세의 침략을 받은 적이 없다는 역사적 특징 때문에, 지역기반의 문화가 고스란히 살아남아 있다는 점도 지방 분권주의 발달의 요인일 것이다.

또한, 일찍이 천황이 거주하는 수도 교토와는 별개로 정치적 세력화를 꾀하였던 일본 막부의 전통 때문에, 지방이라는 이미지에 대하여 우리와 같은 지방의 상대적 박탈감은 적은 편이다.

애니메이션을 기획제작하는 일본 주요 방송사들도 우리나라와는 달리 동경을 근거지로 한 방송사들만 있는 것이 아니라, 오사카를 근거지로 하여 간사이 지역에서 명탐정 코난, 소년탐정 김전일, 이누야샤 등 메가 히트 작품을 꾸준히 기획제작해온 한 요미우리 TV가 버티고 있다. 물론 동경 소재 방송사에 비하면 작은 규모로 사업이 이뤄지지만 오사카 특유의 상인정신을 바탕으로 한 기획위주의 작품이 제작되어 명성을 이어오고 있는 것이다.

그 외에도 **슬레이어즈** 등을 제작한 TV 아이치라든가
하는 지역 민방에 의해 꾸준히 많은 수의 애니메이션이
제작되어 오고 있어 애니메이션 제작에 있어서도 일본
의 지방 분권주의는 건강히 잘 이뤄지고 있다고 할 수
있다. 다만, 최근에는 애니메이션이 침체국면에 있어서
어려움은 가중되었지만 말이다. 이런 상황은 우리나라
방송환경이 KBS, MBC, SBS 방송 3사와 케이블 채널이
라는 '중앙집권식' 문화로 발달한 것과는 확연히 차이
가 나는 환경이다.

슬레이어즈 ⓒ1995 TX/SoftX/
Marubeni

　흥미로운 점은 이런 지방 분권주의의 이면에는 침략주의가
존재한다는 것이다. 왜냐하면, 각 지방의 독자적 권력을 유지
시키는 것은 각자가 실력을 키워서 강한 자가 살아남았던 15
세기 전국시대의 문화였기 때문이다. **드래곤 볼**과 같은 일본
만화에서 손에 땀을 쥐게 하는 것은 새로운 경쟁자와의
박진감 넘치는 대결이다. 그리고 그 대결이 끝나면 더
센 상대가 나타나고, 더 센 상대를 물리치면 그보다 더
센 상대가 나타난다. 끝을 모르고 이어지는 지속적인
대결구도야말로 일본 전국시대의 무한경쟁을 떠올리게
하는 설정이 아닐 수 없다. 그 점에서 일본의 만화가들
은 일본의 역사에 감사해야 할 것이다. 아마도 전 세계

드래곤 볼 ⓒBado
Studio/Shueisha/
Toei Animation

에서 가장 이야기를 길게 늘릴 수 있는 재능을 타고 난 사람들이 일본인들일 것이다.

이런 경향은 **드래곤 볼** 뿐만이 아니라, **포켓몬스터, 북두신권, 슬램덩크** 모두 크게 다르지 않다. 모두 실력으로 이긴 자가 살아남았던 전국시대의 무한 대결구도를 작가의 무의식의 세계에서 충실히 재현하고 있는 것이다. 일본 만화가 이런 엿가락 늘리기 식의 이야기에 재미를 붙인다면, 아마도 전국 통일을 한 다음에 이야기는 해외 진출일 가능성이 농후하다. 마치 토요토미 히데요시가 조선을 침략하고, 메이지 유신 세력이 조선을 합병한 것처럼……

5. '짱구는 못말려'와 일본의 어린이 교육

짱구는 못말려
(서울문화사)
ⒸYoshihito Usui

일본 애니메이션을 논하면서 우리가 결코 피할 수 없는 작품이 하나 있다. 바로 우리나라 어린이에서부터 어른에 이르기까지 폭넓은 사랑을 받아오고 있는 **짱구는 못 말려**(1992)가 그 작품이다. 이 작품은 한국 주부들과 악연이 깊은 애니메이션으로 1990년대 인기를 얻으면서, YMCA와 같은 시민단체들에 의해 여러 면에서 신랄한 비판을 받은 바 있다. 어린이

들이 이 만화를 따라하는 모습은 우리 어머니들에게는 근심
과 우려를 자아냈던 것이다.

원래 짱구는 못 말려는 우스이 요시히토ﾌﾞﾞﾞ井儀人 원작의 초
히트 만화를 1992년 애니메이션화한 작품으로, 어린이답지
않은 사고뭉치 유치원생 짱구의 일상을 다룬 코미디물이다.
원제는 크레용 신짱으로, 우리나라에는 이를 번역하면서, '신
짱구'라는 이름이 만들어지게 되었다. 국내에서는 서울문화
사에서 '짱구는 못 말려'라는 제목으로 만화책이 나온 후, 그
인기에 힘입어 1997년 비디오가 출시되었지만, 귀여운 캐릭터
와는 어울리지 않는 선정적인 내용 때문에 논란이 되었다. 드
디어 1999년 6월 28일 SBS에서 최대한 문제적 장면을 편집하
고, 말투를 순화시킨 결과, 매주 월, 화요일 저녁 6시대에 짱
구가 지상파 방영을 시작하면서 우리나라에서 짱구의 폭발적
인기가 시작되었다. 그러나 짱구는 어린이들에게 인기를 끌
면 끌수록 학부모 단체의 항의는 끊이지 않았고, 이에 따라
많은 장면과 대사가 완벽하게 편집되어 원작의 줄거리를 완벽
하게 바꿔놓은 착한 짱구로 보여지도록 되었다.

지상파 방송에서의 성공과 더불어 국내에서는 이례적으로
메이저 광고사가 직접 프로모션과 캐릭터사업을 담당하여 참
여하면서, 우리나라에서 짱구는 일약 어린이용 캐릭터사업

최고의 아이템으로 데뷔하게 되었다. 일본에서 메이저 광고사가 애니메이션사업에 깊숙이 연결되어 있는 것과 달리 우리나라에서 그런 경우는 매우 드물었다.

한편, 일본에서의 애니메이션 인기 조사를 하면 **짱구는 못말려**가 일본인이 좋아하는 애니메이션 10위를 넘지 못하는 작품인 반면, 국내에서는 최근까지도 항상 다섯손가락 안에 꼽히는 인기 캐릭터로 자리잡아 왔다. 사업열기가 가열되면서, **짱구는 못 말려**란 상표를 가지고 있던 제과회사는 '짱구'라는 이름의 스낵과자의 상표권을 가지고 있던 다른 제과회사와 상표분쟁 끝에 결국 캐릭터 이미지와 '신짱'이라는 이름으로 새로운 상표를 등록하게 될 만큼, '짱구'는 이미 우리나라에서 가장 매력적인 캐릭터사업이 되고 말았다.

작품의 줄거리는 떡잎 유치원에 다니는 5살 꼬마 주인공 신짱구와 짱구의 가족, 유치원을 중심으로 이루어진다. 신짱구는 꼬마라고 생각하기엔 너무 엉큼하고, 맹랑하지만 때론 순진한 아이 같은 모습도 보인다. 좋아하는 것은 액션가면과 예쁜 누나들. 특히 TV 속 어린이 드라마 주인공인 액션가면은 매번 빠지지 않고 볼 정도로 좋아하며, 실제로 존재한다고 믿는다. 좋아하는 대상에 예쁜 누나들이 포함되어 있다는 점만 뺀다면 우리 주변에서 흔히 찾을 수 있는 말썽꾸러기 어린이들의 모습을 하고 있다.

짱구의 엄마 봉미선은 전화로 수다 떨기, 낮잠 자기, 쇼핑하기를 좋아하는 평범한 주부로 항상 짱구 때문에 골탕먹으면서도 짱구를 사랑하는 엄마다. 아빠 신영식 역시 평범한 샐러리맨으로 짱구를 닮은 외모와 뭐 하나 확실한 것 없지만 가족을 위해서 밤늦게까지 회사에서 일하다 퇴근하는 우리 시대 아버지들의 자화상이다. 하지만 문제는 역시 예쁜 여자들이라면 사족을 못 쓴다는 점.

이야기는 평범한 가정인 짱구네 가족이 사는 모습을 담고 있다. 너무나 평범한 샐러리맨 아빠를 둔 말썽꾸러기라는 소재는 어려운 경제 현실 속에서도 화목한 가정을 위해 노력하는 서민들의 모습을 그리고 있기 때문에 어른 아이 할 것 없이 우리나라에서도 큰 사랑을 받았지 않았나 싶다. 특히 짱구의 친구 철수는 고급주택에서 사는 부잣집 도련님으로 조기 교육도 많이 받고, 영어, 피아노 등 각종 학원을 다녀서 유치원생답지 않게 영어단어나 문자를 사용하지만, 결국 짱구와의 화려한(?) 말싸움에서 짱구의 승리로 끝이 나면서 철수가 무안해 하는 장면들에서 시청자들은 현실 속에서 허세를 부리는 사람을 짱구가 격파해준다는 대리만족감을 느끼게 되는 것이다.

  이 작품은 재미와 교훈을 모두 가지고 있지만, 원작 자체가 성인을 타깃으로 한 작품이었다는 점에서 아무리 편집이 되었다고는 하나, 주인공 짱구가 성인 여성의 치맛자락을 들추고 예쁜 여성만 보면 아이와 아빠가 함께 침을 흘리며 쳐다보는 설정은 어린이 시청자들에게는 바람직한 교육적 내용은 아니라는 지적이 있어왔다. 그럼에도 불구하고 어린이들이 볼 수 있는 시청 등급으로 방송되어 온 점 때문에, 소비자들의 지속적인 비판을 받아온 것도 사실이다.

  물론, 짱구에게 태생적으로 어른을 위한 작품이었다는 점은 부인할 수 없는 사실로 앞으로 방송사가 우리나라에서 이 작품을 방송하는 한, 더욱더 주의와 관심을 기울여야 할 대목이라는 점을 강조하고 싶다. 하지만 우리 어른 세대들도 어릴 때에도 어린이에게 유익하지 않은 TV 프로그램이지만, 자기가 보고 싶은 콘텐츠와 어른들의 구속에서 항상 갈등했었다. 그런 마음을 기억한다면, 어린이들에게 단순히 무엇을 보여주지 않고 못하게 하는 것보다는 왜 그게 좋지 않은지, 어떤 점이 좋지 않은지, 무엇이 유익한지를 잘 타이르고 설명한다면, 오히려 가정에서 자녀들과 더 많은 대화를 할 수 있는 계기로 삼을 수 있다는 생각이 든다. 요즘 TIE라는 TV를 이용한 교육이 새로운 트렌드로 떠오르고 있다. 그런 시각에서

짱구는 못 말려 같은 작품은 매장시켜야 한다는 움직임보다는 미디어를 비판적으로 이해하려는 움직임이 훨씬 더 소비자의 합리적 선택이라는 생각이 든다.

그런데 필자는 **짱구는 못 말려**와 같은 애니메이션을 보면서 정말 일본에서는 어린이 교육을 이런 식으로 하는 것일까?라고 궁금해 한 적이 있다. 실제 일본에서도 이 작품 자체에 대하여는 작품 속에 저질 농담과 어른을 놀리는 에피소드 때문에 매년 일본학부모협회가 실시하는 앙케이트에서 수차례 '아이들에게 보여주고 싶지 않은 프로' 1위를 차지한다는 점에서 그렇지 않을 것이라는 추측이 가능하다.

일본인 특유의 예절과 질서 강박증이 반영되어 일본 사회는 어린이들에게 결코 짱구 같은 남에게 폐를 끼치는 행동을 하지 않도록 자녀들을 엄하게 교육시키고 있다. 필자가 처음에 일본에 출장을 갔을 때나 일본에서 온 손님들을 만났을 때 이상하게 생각했던 것은 일본 사람들은 웃으면서 인사를 세 번 네 번 반복하는 것이다. 이런 예절은 우리에게는 정서적으로 맞지 않지만 이런 모습은 인사를 중요시하는 일본인들의 몸에 밴 습관이었다. 이와 같이 손님을 대하는 태도는 어릴 적부터 반복적인 예절 교육을 통해서 이뤄진다.

일본에서는 공공장소에서 어린이가 단체 행동을 잘 하는

모습을 볼 수 있는데, 바로 이런 철저함은 어렸을 때 가정에서부터 교육되어지는 것으로 일본인들은 남에게 폐를 끼치기 싫어하는 습성 때문에, 가정교육을 적당히 하는 것을 허용하지 않는다. 이런 어린이에 대한 질서 예절 교육을 통칭하여 몸 신身자 옆에 아름다울 미美자를 써서 몸가짐을 아름답게 하는 교육을 이라고 시쯔께라고 부르는데, 몸가짐을 아름답게 하는 교육은 다름 아닌 예절 교육을 의미하며, 사람을 대하는 태도 교육이라고 할 수 있다. 무엇보다도 일본 사회에서 가장 기본적인 예절은 '남에게 폐를 끼치지 않는 것'이라 할 수 있는데, 이런 교육을 거쳐 일본인은 우리가 보기에는 거북할 정도의 예의가 몸에 배게 되는 것이다.

　시쯔께는 사람 간의 예의 범절을 포함하여 가정생활, 사회생활을 해나가는 데 있어서 배우고 교육받아야 할 모든 것을 의미한다고 할 수 있는데, '시쯔께' 교육은 자기 집을 찾아온 손님에 대한 공손한 태도를 가르치는 데에서부터 시작된다. 시쯔께 교육을 통해 어린이들은 자기 집에 손님이 방문하면 현관에 공손하게 인사를 드리고, 손님이 현관에 올라오면, 나갈 때에 편리하게 신고 나갈 수 있도록 신발을 돌려놓도록 배운다.

　우리나라에서 어린이들에게 많은 인기를 얻으며 학부모들

의 비판을 받았던 **짱구는 못 말려**는 일본인의 질서 강박증에서 만화를 통해 상상력을 발휘하여 현실의 답답함을 도피하고자 하는 일본인들의 집단 무의식을 표현한 것으로, 애니메이션이 철저히 관리되고 교육되어야 하는 일본 사회에서 일본인들이 가진 답답함을 탈출시켜주는 순기능을 잘 보여주고 있다고 생각된다. 그러므로 일본에 가서 길거리에서, 버스 안에서 당신의 자녀가 짱구처럼 행동해도 일본 어른들이 받아줄 거라고 착각하지 마라. 그건 답답한 일본 사회를 벗어나고자 만화로 표현된 일본문화의 탈출구일 뿐이다. 하지만 일본 역시도 현대화에 따라, 시쯔께 교육이 많이 사라져가고 있다고 한다. 그 결과, 남을 배려하고 사회에 대한 엄격한 책임을 강조하는 시쯔께 교육이 사라지면서 일본 사회의 예절이나 학교 교육도 많이 나빠졌다고 한다.

짱구는 못 말려를 보면서 일본의 어린이들은 저렇게 맘껏 장난을 치면서 자라는구나라고 생각하기보다는 저런 장난은 일본의 어린이들이 평소에 하지 못한 말썽꾸러기 짓을 만화를 통해서라도 마음껏 해보고 싶다는 일본인들의 소박한 마음으로 이해해주면 좋겠다. 즉 한때 유행했던 유행어로 '개그는 개그일 뿐 오해하지 말자'라는 말이 있는 것처럼 '애니메이션은 애니메이션일 뿐' 짱구의 행동을 액면 그대로 받아들이지는 말았으면 하는 바람이다. 오히려 일본과 더불어 윗사람에게 머리를 숙이는 인사법을 가진 우리나라에서 우리 어린이들은 일본의 어린이들보다 예의범절이 많이 부족한 현실에서 다시 한번 어린이 교육에 대하여 되돌아보는 시간을 가져볼 필요가 있다. 일본 사회에서 짱구는 빡빡한 현실을 탈피하고자 하는 일본 어른들의 상상의 캐릭터일 뿐이고, 반대로 일본 어린이들은 '시쯔께' 교육을 통해서 우리 어린이들보다 더잘 예절교육을 받고 있다는 사실을 생각해봤으면 하는 바람이다.

6. '코드 기어스 반역의 를르슈'와 반한감정

아니메를 통해 우리는 일본 사회와 역사에 대한 많은 정보를 얻을 수 있을 뿐만 아니라, 때로는 일본인들이 생각하는 외국에 대한 이미지도 엿볼 수 있다. 무엇보다도 일본은 동아시아 문화권의 일부로서 중국으로부터 많은 문화적 영향을 받아왔기 때문에, 아니메 속에는 간혹 중국의 다양한 설화나 고전문학이 인용되곤 한다. 하지만 중국 대륙의 공산화 이후, 중국은 일본인들에게도 충분히 알려진 장소는 아닐 것이다.

또한, 일본인들 역시 해외여행지를 선택하면서 중국보다는 한국이나 홍콩 또는 유럽이나 미국을 더 선호하기 때문에, 중국은 일본인들에게 미지의 나라로 남아있다. 특히 1990년 이전에 만들어진 만화 원작의 아니메의 경우에는 당시의 시대적 상황을 반영하듯, 중국에 대한 신비한 이미지나 미스터리한 배경으로 등장한다. 예를 들어 란마1/2의 경우 주인공 란마를 여자로 바뀌도록 만든 연못이 중국 어딘가에 있다는 설정 역시 바로 그런 이미지 때문이다. 당시 일본인의 눈에는 중국은 아직도 무언가 불가사의한 사건이 가능한 공간으로 설정되었던 것이다.

또한 삼국지와 같은 중국 고전 문학은 아니메에서도 자주 인용되는 편이다. 최근에 실사 영화로 리메이크된 아니메인 드래곤 볼(1986)은 역시 16세기 중국 고전문학인 서유기에서 모티브를 얻어 창작된 작품이다. 물론 모티브를 얻었다고는 하나, 드래곤 볼이 서유기의 줄거리를 단순히 반복한 작품은 아니다. 드래곤 볼은 서유기에 새로운 등장인물이 추가되거나, 모험이 SF로 바뀌었을 뿐만 아니라, 고전 서유기와는 전혀 다른 작품이다.

고전 서유기는 사회적 풍자와 종교적인 해석과 가상의 모험담이 재미있게 어울려 창작된 소설이다. 고전 서유기에서는 손오공이 두 동료인 사오정과 저팔계과 함께 불교경전을 찾으러 인도로 여행을 가는 삼장법사를 도와주면서 다양한 신과 악령을 만나고 매번 경험을 통해 정신적인 진리를 배운다는 이야기를 들려준다. 고전 서유기는 중국 경극에 의하여 곡예와 슬랩스틱 코미디를 이야기에 덧붙이면서 좀 더 대중적인 형태가 되었지만 줄거리는 크게 바뀌지 않았던 반면, 드래곤볼은 등장인물 중 하나인 손오공은 원숭이 꼬리를 한 비슷한 캐릭터이지만, 저팔계를 응용하여 창작된 다른 등장인물인 오룡은 모택동 의상을 입은 돼지로 묘사된다. 이 작품에서 모험의 목표도 불교경전이 아니라 소원을 들어준다는 7개의 드래곤 볼로 바뀌었다. 고전 서유기는 간혹 코믹한 장면도 나오기는 하지만 그 유머는 유치하지 않으며, 드래곤 볼 역시 현대의 오락물로서 최고의 작품으로 손색이 없는 작품이다. 쌍권총이 어울리던 아시아 최고의 미남 배우 주윤발이 드래곤 볼의 코믹한 캐릭터인 무천도사로 출연하여 더욱 화제가 되었는데, 영화 드래곤 볼은 우리가 보기에는 지나치게 미국화된 느낌이 들어 역시 원작이 좋았다는 인상을 준다.

홍콩 역시 무언가 알 수 없는 미스터리가 일어나는 범죄와 폭력의 이미지를 가지고 있다. 크라잉 프리맨(1989)에서 재능 있는 도공이 자객으로 변화되는 범죄조직의 근거지가 있는 곳도 홍콩으로 묘사된다. 물론, 이런 부정적 이미지는 1970~80년대에 아시아 지역에서 황금시기를 열었던 홍콩 영화가 스스로 만들어낸 이미지였고 일본의 아니메는 그런 이미지에 확대하여 재생산하였을 뿐이다.

그나마 일본이 동아시아의 한 부분이기 때문에 역사적인 배경에 대하여는 비교적 정확하게 묘사되는 편이지만, 아직 인터넷이 활발해지기 이전인 1990년대 이전에 제작된 아니메에서 서양과 같이 다른 세계는 많은 왜곡된 정보가 표현되기도 한다.

미국은 범죄, 갱, 인종갈등이 일어나는 공간으로, **환마대전**(1983)에서 소니 리닉스가 그런 것처럼 어린 흑인소년이 범죄조직의 보스가 될 수도 있는 곳이다. 일본 젊은이들에게 인기 있는 관광지인 하와이조차 문제를 가진다. **변덕장이 오렌지로드**의 히카루가 와이키키 호텔방에서 유괴되었을 때 미국에 그런 범죄가 있다는 것은 당연하다는 식으로 그려졌다.

유럽은 그나마 나은 편이다. 유럽은 눈 덮인 산, 성, 빛나는 갑옷을 입은 기사의 공상의 땅이다. **루팡 3세-카리오스트로의 성**(1979)에서는 현대 유럽의 가상의 지역을 배경으로 전통적인 유럽의 풍경을 보여주고 있다. 물론 이 작품은 일본 애니메이션산업에서도 예외적인 창작활동환경을 가지고 있던 미야자키 하야오 감독의 극장 데뷔작이라는 점에서, 다른 일반적인 아니메 작품과는 배경의 고증면에서 수준의 차이가 나는 것이 사실이다. 유럽식 성의 실내 디자인 자체는 캐리 그랜트 주연의 〈나는 결백하다〉에 나오는 프랑스 성의 디자인처럼 현실감을 주면서, 관객은 실제 성을 들여다보는 듯한 정밀감을 느낄 수 있었다. 액션으로 시작되는 오프닝 장면에서부터 전형적인 엔딩 장면까지 연결되어 활용되는 계단 배경도 아름답게 디자인되어 있다.

이 작품을 위한 현지 답사 여행은 이루어지지 않았지만, 프랑스 애니메이터 Paul Grimault의 **왕과 새**(1980)에 나오는 타키카디에 왕궁을 참고하여 카리오스트로의 성을 디자인하여 하늘높이 솟은 산꼭대기와 지하 감옥으로 내려가는 길로 이어지는 현기증 나는 옥상까지 멋진 디자인을 보여주었다.

미야자키 하야오 감독은 대부분의 작품 기획을 위하여 직접 현지답사를 하는 것으로 유명한데, **천공의 성 라퓨타**를 위해서는 영국 웨일즈 지역의 폐광 지역을 답사하였고, **마녀 배달부 키키**에서는 스웨덴을 답사하여 무려 80여 통의 필름을 사용하였다. 가장 큰 영감을 준 곳은 바로 스톡홀름이었다. 미야자키는 영화 속 도시를 일부는 발트해를 경계로 한 것처럼 보이게 했으며, 다른 일부는 지중해를 낀 것처럼 보이도록

하였다. 넓은 광장과 공원이 있고, 위엄 있는 공공 건물과 매
혹적인 작은 길들과 조용하고 한적한 마을과 수풀이 우거진
배경은 유럽의 아름다운 모습을 잘 보여주고 있다.

아니메로서는 우리나라가 다른 어느 나라보다 더 다루기
거북한 소재일 것이다. 왜냐하면, 자유로운 상상력을 필요로
하는 아니메에서 임진왜란이나, 2차 대전과 같은 역사적 소재
는 가해자와 피해자라는 일본과 한국 두 나라의 특수한 관계
를 건드리게 되기 때문이다. 2차 대전을 통해 일본의 아시아
에 대한 시각은 잘못되었다는 것이 입증되었다고 말할 수 있
다면, 아니메의 경우는 더욱 그렇다. 그래서 세계인을 감동시
킨 2차 대전을 다룬 감동 애니메이션인 **반딧불의 묘** 같은 작
품에서조차, 예술적으로는 그 내용에 감동하면서도, 마치 일
본인들이 2차 대전의 피해자인 것처럼 비춰진 모습은 우리에
게는 정치적으로는 쉽게 받아들이기 어려운 이야기인 것이
다.

그런 가운데, 2006년도 SF 아니메 **코드기어스 반역의 를르
슈**(2006)가 우리나라를 중국의 속국으로 전락하는 것으로 표
현되어 국내 애니메이션 팬들 간에 일대 설전이 벌어진 적도
있다. 일본을 둘러싸고 많은 논쟁이 벌어지곤 했지만, 대중문
화를 둘러싸고 특히 많은 감정적인 이야기들이 나오곤 한다.

미래 사회를 배경으로 한 이 작품에서 일본인들이 한국을 그렇게 표현한 것은 일본인들이 항상 미래의 국제 질서를 암울하게 바라보는 시각과 관계 있다고 생각한다. 1990년대에 그들은 노스트라다무스의 예언에 열광하였고, 아직도 그들은 일본 열도가 조만간 바다에 가라앉는다는 상상을 하고 있다. 또 가끔씩 북한이 중국에 흡수통일될 것이라는 식의 발언을 하여 우리 국민들에게 공분을 사곤 하는데, 그런 예측이 객관적 예측인지 아니면, 우리를 우습게 보는 일본인들의 정치적 발언인지는 알 수 없다. 하지만 그런 표현 하나에 우리 청소년들이 감정적으로 일희일비하는 것보다는 그렇게 되지 않을 수 있도록 더 열심히 실력을 키우는 것으로 반응을 해준다면 아니메를 보는 보람이 좀 더 있지 않을까라고 생각해본다.

3장
일본의
경제와
산업

7. '추억은 방울 방울'과 고도경제성장

1948년 전쟁의 패배와 함께 일본의 모든 산업은 파괴된 채 맥아더 군사정부에 의하여 가로막혀 있었다. 미군정의 입장에서는 일본이 다시 공업을 일으키는 것보다는 산업 정체상태로 있는 편이 훨씬 더 안심되었기 때문이다. 그러나 운좋게도 일본은 1950년 한국전쟁 발발에 따라 기사회생의 계기를 마련한다. 2차 대전 당시 군수물자에 참여했던 많은 대기업들이 이 시기에 다시 회생되었다. 물론 1960년대 중반 월남전 발발도 일본 기업에게는 성장의 계기가 되었다.

그 결과, 일본은 1955년경부터 1973년까지 고도성장기에 연평균 10%의 실질성장률을 기록하였고, 1968년에 국민총생산 기준 미국에 이어 세계 2위가 되는 경이적인 경제발전을 거듭한다. 특히 1986년 12월부터 1991년 4월까지 지속된 호황을 헤이세이 경기라고 하는데, 이 시기에 정점을 찍고 잃어버린 10년이라는 불황기가 도래하기 전까지 일본의 고속 성장은 끝을 모르는 듯 무섭게 세계를 놀라게 했다.

이 시기 일본은 경제동물이란 비아냥을 듣기 시작한다. 일본경제가 고도 성장을 통해 전자, 자동차산업 등 주요 분야에서 세계 경제의 선두권에 들어오게 되자, 시장을 점령당한 미국 등 서구 언론들은 일본인들을 비하하여 이렇게 부르기 시작하였다. 이는 일본인들이 개인의 여가 생활이나 사생활까지도 희생하면서까지 자신이 일하는 기업을 위하여 헌신하는 것을 보고 서구의 언론들이 일본인은 경제동물이라고 비하한 것이다.

경제동물이란 말은 개인적인 차원에서 뿐만 아니라, 일본 기업이나 정부 차원에서도 경제적 실리에 관한 일에는 물불을 가리지 않고 달려드는 데 비하여 구호사업이나 UN 분담금 등 국제적인 이슈에 대하여 보여주었던 소극적인 모습에서 서구 언론들이 일본을 비판하여 유행되었던 용어이다. 즉 1970년대 경제적 성장만을 추구하며, 빠르게 선진국 대열에 진입한 일본에 대한 비아냥이었다.

고속 경제성장기를 배경으로 1960년대 일본 어린이의 모습을 추억하는 극장용 아니메인 **추억은 방울 방울**은 우리에게 **알프스의 소녀 하이디**로 잘 알려진 일본의 명감독 다카하다 이사오의 작품이다. 개봉 당시 일본인들에게 아름다운 과거에 대한 추억을 선물하며, 극장 수입 18.7억엔으로 1991년도 일본 극장 수입 1위를 기록하며 흥행에서도 성공한 작품이다.

이 작품은 오카모토 호타루와 토네 유코 원작 만화를 각색한 것으로, 27세의 성인 다에코가 시골로 여행을 가는 과정

추억은 방울 방울
©Tokuma Shoten
Publishing

에서, 과거 초등학교 5학년 때의 자기 자신과 만나게 된다는 판타지적인 설정으로 이야기가 전개된다.

도쿄에서 직장을 다니는 직장여성 오카지마 다에코는 도쿄에서 태어나고 자란 탓에 농촌에 대한 동경을 가지고 있어, 휴가를 이용해 형부가 농사를 짓고 있는 야마가타 현으로 여행을 떠난다. 그 곳에서 도시에서의 회사원 생활을 그만두고 시골로 내려와 유기농업을 시작한 청년 도시오가 그녀를 마중나간다. 다에코는 초등학교 5학년 때의 추억에 잠긴다. 나눗셈을 못했던 일, 학예회에서 단역이었음에도 연기를 주목받아 방송국에 가게 된 일, 아버지가 심하게 연기출연을 반대했던 일 등 따뜻한 기억들을 떠올리면서 도시오와 많은 이야기를 나누게 된다. 다에코는 농촌에서의 휴가를 마치고 도쿄로 돌아오는 기차 안에서 자신이 진정 함께 있고 싶은 곳이 농촌임을 깨닫고 농촌으로 돌아가게 되고, 도시오가 그녀를 반갑게 맞이하면서 이야기는 끝이 난다.

이 작품 속의 어린 시절 귀여운 다에코의 모습에서 우리는 "그 시절 나는 어땠었지?"라는 질문을 던지면서 자신도 모르게 추억 속으로의 여행에 함께 빠져들게 된다. 다른 한편, 성인이 된 다에코의 시골 여행 장면에서는 점차 농촌을 떠나는 현실에서 자연을 벗하면서 농촌을 지키는 젊은이에 대한 다에코의 따스한 시선이 느껴진다. 어쩌면 우리들의 마음의 고향인 자연을 이제는 잃어버리는 것이 아닐까 하는 걱정을 함께 해보고 싶다는 감독의 생각이 아닐까 생각된다.

이 작품의 연출을 맡은 다카하다 이사오 감독은 리얼리즘을 표방하는 세밀한 묘사 스타일을 선보여 아니메의 한계를 뛰어넘었다는 평을 들어왔다. 사실상 그의 역할로 아니메가 서구나 가상의 공간이 아닌 현대 일본 사회라는 공간을 리얼하게 아니메 속에 표현하기 시작했다고 해도 과언이 아닌데, 이 작품에서도 아름다운 농촌 풍경에 대한 묘사와 파인애플을 먹는 장면에서 인물들의 생생한 표정 묘사는 이 작품이 뛰어난 아니메의 걸작이라는 점을 보여준다.

특히 엄격한 아버지와 온가족이 한자리에 둘러 앉아 당시 처음 수입되기 시작한 파인애플을 호기심 속에 썰어서 한 입씩 베어무는 표정은 영화를 처음 접한 지 15년이 지난 지금까지도 기억에 남는 장면이었다. 만약 아직 이 장면을 보시지 못한 분이 있다면 꼭 한번 권하고 싶다.

어린 시절 기억 속 다에코의 아버지는 KBS 개그 콘서트 〈대화가 필요해〉에서 풍자되던 경상도 출신 아버지의 모습처럼, 말수가 없는 일본 사회의 전형적인 전통 가장의 모습을 보여주어 웃음을 자아낸다. 식사 중에는 가족과의 대화가 거

49

의 없이 항상 신문을 유심히 읽으면서 식사를 하시고는 헛기침 한번하며 자리에서 일어나는 가장의 모습에서 사생활을 희생하면서 회사에 전념하였던 일본 경제성장의 주역들의 외로운 뒷모습을 읽게 된다.

경제동물이라는 비아냥을 들으면서도 일본에서 또는 전 세계를 뛰어다니며 Japan No.1의 기초를 마련했던 일본의 기성세대들은 열심히 살아왔지만 자기 자신을 돌아보았을 때는 그다지 행복하지 못한 사람들이었다. 국가와 기업이 원하는 대로 개인의 사생활을 포기함으로써, 가족 간의 커뮤니케이션은 단절되고, 자식 세대와의 갈등을 겪게 되었다.

어쩌면 이런 모습들이 최근 들어 일본 사회에서 부쩍 거론되는 은둔형 외톨이(히키코모리)와 같은 사회적 부작용과 연관이 있는지도 모른다. 그 점에서 일본 사회 역시 이제는 경제 성장이 아닌 사회적 이슈에 대하여 고민하여야 할 것이다.

2000년대 들어 일본 정부는 대내외적으로 많이 달라지고 있는 느낌이다. 단순히 경제 선진국으로서의 이미지에서 탈피하여 UN과 같은 국제기구에서 위상을 높이면서 국제 정치, 경제, 문화에 영향력을 증대시키면서 많은 비용을 국제 사회에 투자하고 있어, 이제는 일본을 경제동물이라고 부르기는 어려울 것이다. 아마도 그것은 아베 신조 일본 총리의 '아름다운 일본'론과 같은 맥락에 있다고 볼 수 있다. 그로 인해 일본 사회가 좀 더 고도화된 목표를 향해가면 갈수록 우리의 고민은 또 깊어진다. 일본이 성장해 나갈수록 우리에게는 더욱 주시해야 할 상대가 되는 것이라는 점에서 좀 더 우리 사회의 분발이 필요하다고 생각된다.

8. '시마 사장'과 일본 기업의 미래

2008년 4월 1일, 일본의 석간 〈아사히〉는 '시마 코사쿠'가 인수합병으로 다시 태어난 초대형 기업 하츠시바고요 지주 회사의 초대 사장으로 취임한다는 특종 기사를 내보냈고, 이 기사를 받아 다른 일본의 유력 일간지에서도 시마 코사쿠에 대하여 일제히 보도하면서 큰 화제가 되었다. 이어서 5월 29일에는 '시마 사장 취임 기념 기자회견'이 실제로 열렸으며 이 자리에는 수백 명의 취재진이 몰려들었다고 한다. 6월 13일에는 주간 〈아사히〉가 당시 유력 총리 후보였던 아소 다로 전 외무장관과 시마 코사쿠 사장의 특별 대담을 두 명이 악수를 건네는 사진과 함께 "힘내, 일본!"이라는 제목의 커버스토리를 내는 등 일본 언론의 보도는 일본 사회에 열광적인 호응을 불러 일으켰다. 뿐만 아니라, 2008년 8월 영국의 경제전문지 Economist는 일본을 이끌 유망한 경영인으로 시마 코사쿠를 선정하기도 하였다.

그런데 이런 언론의 주목을 받은 주인공인 시마 사장은 놀랍게도 현실 속 경영인이 아니라, 만화가 히로카네 켄시弘兼憲史가 창조한 가상의 인물이다. 시마 사장은 작가가 마쓰시타 전기산업(현재의 파나소닉)의 광고선전부에 4년 정도 근무했던 자신의 실제 경험을 바탕으로 1983년도 고단샤의 만화 잡지 〈모닝〉에 연재되기 시작하여 크게 히트한 **시마 과장**의 후속작으로 **시마 부장**, **시마 이사**를 거치면서 버블 경제의 붕괴, 중국의 진출 등의 세파를, 실패를 우려하지 않는 행동력으로 극복하고 과장, 부장, 이사, 사장으로 이례적인 출세를 이루는 내용을 그려냈다. 이 작품은 아직 아니메로 제작되지는 못하였다. 만화의 배경이 모두 현실을 배경으로 하고 있으므로 아니메보다는 드라마가 더 적합할 듯하다. 아쉽지만, 우선 우리나라의 개그맨 김현기 씨가 출연하기도 한 2008년 NTV제작 드라마가 우리를 기다리고 있다.

시마 사장의 주인공 시마 코사쿠는 일본의 2차 대전 전후 베이비붐세대인 단까이団塊세대로 하쓰시바전기산업初芝電器産業이라는 대형 전자제품회사에 근무하는 인물로 그려진다. 작

시마 사장

품 속에는 현재 일본과 한국의 대표적인 기업이 살짝 이름을 바꿔서 등장하는 등 매우 현실감있는 이야기 전개로 주목을 받고 있는데, 하쓰시바전기산업初芝電器産業은 마쓰시타전기산업松下電器産業, 고요전기五洋電機는 산요전기三洋電機, 소무상ソムサン은 사무손(삼성)을 가리킨다. 심지어 산요전기와 파나소닉의 합병을 먼저 작품 속에서 예언하였다는 점에서 화제가 되기도 할 정도로 현실감을 보여주고 있다.

작품 속에서 주인공 시마 코사쿠는 '일을 사랑한다'를 좌우명으로 수많은 난관을 헤쳐 나가며 사원에서 시작하여 사장까지 승진한 점에서, 일본 샐러리맨들의 판타지가 되었다. 그는 다른 사람들과 달리 계파에 소속되지도 않으며, 정치를 하지도 않는다. 다만 자신의 소신과 양심에 따라 판단한다. 하지만 그의 선택은 항상 행운을 가져다 주었다. 그런 모습은 회의 자리에서는 자신의 주장을 펼치지 못하고 사석에서야 자신의 본심(혼네, 本音)을 이야기하며, 공식적인 회의 전에 사전 포섭(네마와시, 根回し)과 계파간 사전 협의(우치아와세, 打ち合わせ)를 거침으로써, 공식적인 회의를 토론의 장이 아닌 합의의 장으로 만드는 일본의 전통적인 기업문화에 비추어볼 때 매우 이례적인 모습인 것이다. 어쩌면 그래서 일본 샐러리맨들은 이 만화에 열광하는지 모른다. 바로 그런 점에서 시마

코사쿠의 삶은 명백한 판타지다. 평범해 보이는 남자가 자신도 모르는 사이에 인정을 받아 승진을 계속하며, 주변의 여성들로부터 끊임없이 사랑을 받아가는 모습을 통해 시마 코사쿠는 수많은 일본 샐러리맨의 애환을 이상적 모습으로 전환시킨 전형적인 '판타지' 유형의 만화이다. 물론 우리나라에서는 높은 노출수위 때문에 '19세 이상 구독가'로 등급 고지되어 출판되고 있다.

시마 코사쿠는 자신이 원하지도 않은 포도주 수입이나 할리우드 영화사 인수, 중국과 인도 지역 지사장을 맡는 등 자신의 운명을 자신 스스로 결정하는 것이 아니라 회사의 지시에 의하여 결정된다는 점에서, 대기업이라는 경제 시스템에 의해 운명적으로 작동되는 모든 샐러리맨의 모습이 투영되었고, 전공투 세대였지만 이제는 "회사의 이윤 추구 속에서 직원의 행복과 나라의 발전이 보장된다"고 믿는 그의 모습에서 우리 스스로가 거대한 사회라는 시스템 안에서 동화되어 가는 자화상을 보여준다.

더욱이 그의 사생활은 안쓰럽다. "당신은 과장이 될 무렵부터 사람이 변했어요. 여자에게 있어 남자는 사회적으로 얼마나 인정을 받는지, 돈을 얼마나 버는지 그런 가치보다는 가족이 쌓아올린 자그마한 영역에서 얼마만큼 좋은 아버지인가

하는 점이 훨씬 중요해요." 그는 출장을 떠난 뉴욕에서 아내로부터 이별을 뜻하는 편지를 받는다.

"샐러리맨 사회는 보편 타당성만을 좇아야 한다는 슬픈 세계, 그 근처에 흐르는 진한 페이소스를 그려보고 싶었다"는 작가의 말처럼, 시마 과장은 대학 시절에는 사회의 변혁을 추구했던 '전공투全共鬪' 세대로 1960대 후반, 가장 격렬했던 학생운동을 전개했지만, 사회에 나와서는 역설적으로 일본의 고도 경제성장의 현장에서 조직 속의 나사와 톱니바퀴가 되었던 '경제동물'이었다는 사실에서, 단까이 세대의 페이소스를 가슴깊게 느끼게 해주는 작품이다. 그 갈등 속에서 어떤 이는 습관적인 외도나 유흥으로 스트레스를 벗어나려고 했지만, 시마 과장의 등장인물들 모두는 고도성장의 그늘에서 성공을 했든 아니든간에 인생의 페이소스를 느끼며 하루하루를 살아가는 일본의 아버지들이었다. 시마 과장은 그들의 옆에서 그들의 이야기를 열린 마음으로 들어주는 것으로, 아버지로서 또는 아들로서 그 시대를 함께 겪어왔던 남성 독자들에게 작은 마음의 위로가 되어 줄 수 있었던 것이다.

바로 그 점에서, 오늘날 일본 언론은 시마 코사쿠가 일본인들이 다음 세기를 맞이하면서 지향해야 할 원칙을 제시하고 있다고 믿고 있는 듯하다. 그 원칙이란 세계화된 불황과 중국

경제의 도약이라는 경쟁 환경의 변화를 맞이한 일본 경제가 새로운 각오로 미래를 준비하라는 것이다. 연공서열과 사내 계파간 합의라는 전통적 가치가 지닌 장점을 유지해나가면서도, 개인의 소신과 조직의 화합을 슬기롭게 조화시켜 온 시마 사장처럼, 변화되어야만 일본 기업이 생존할 수 있다는 비전을 가져야 하지 않겠느냐는 질문을 던지고 있는 것이라고 생각된다. 고도경제 성장기를 거치면서 일본의 기업문화를 모방하였던 우리 기업 역시 그런 변화의 갈림길에 있는 것은 아닌지 스스로에게 자문해봐야겠다.

9. 아니메의 타깃 마케팅

마케팅은 상품의 유통을 활성화시키기 위한 모든 체계적 활동을 일컫는다. 그 중에서도 핵심적인 마케팅 전략의 하나인 타깃 마케팅은 STP, 즉 시장을 분할하여(Segmentation), 핵심 고객을 설정하고(Target marketing), 그에 맞는 시장을 공략하는(Positioning) 것을 대표하는 개념으로, Segmentation, Positioning과 더불어 상품에 가장 적합한 판매 소비자층을 설정하는 개념이다.

이 개념은 콘텐츠 상품의 기획에서도 유용한 개념으로 특히 아니메와 같은 TV용 콘텐츠에서는 일반적으로 소비자가 TV를 통해서 무료로 소비하게 되므로 경쟁 상품과의 가격 Price 차별화가 없을 뿐 아니라, 유통Place 과정도 이미 TV라는 채널로 결정되었으며 차별화 요소가 적고, TV방송 자체가 가장 주요한 홍보Promotion이므로 별도의 홍보 차별화도 불가능하므로, 오직 제품Product 자체의 차별화만이 가장 큰 경쟁력을 가지게 되므로, 기획단계의 타깃 마케팅은 다른 산업분야에 비하여 더욱 중요성이 크다고 할 수 있다.

예를 들어, 남자 어린이를 대상으로 한 애니메이션을 만든다고 한다면 그 남자 어린이들이 좋아할 만한 요소를 집어 넣어야 하고, 완구 회사가 스폰서가 되는 작품이라고 한다면, 기획단계부터 완구 회사의 의견이 반영되어 어린이들이 좋아할 만한 완구를 자동차로 할 것인지, 로봇으로 할 것인지가 결정되어 소재로 채택되는 것이다. 또한 어린이 시청자들의 시청을 위하여는 여름방학, 겨울방학, 봄방학이라는 계절성 Seasonality를 고려하지 않을 수 없다. 일반적으로 방학 중과 학기 중은 어린이 시청자층에 상당한 시청률의 차이를 일으킨다.

물론, 원작 만화가가 펜을 드는 시점에는 작가의 창의적인 아이디어가 중요한 위치를 차지하는 것은 부인할 수 없다. 하지만 만화가가 출판사와 만나는 순간, 그 만화가 소비자에게 잘 받아들여질 것인지, 어떤 소비자가 더욱 좋아할 것인지 타깃에 대한 고려는 이미 시작되었다고 할 수 있다.

우리가 알고 있는 대표적인 일본 만화들인 **마징가 Z, 드래곤 볼, 슬램덩크**와 같은 작품들은 모두 일본 최고의 만화잡지 〈소년 점프〉를 통해 데뷔한 작품들이다. 1959년 일본의 대표적인 출판사인 고단샤, 쇼각칸이 각각 '주간 소년선데이', '주간 소년매거진'을 창간하면서 시작된 일본의 만화 잡지 시장은 쇼각칸의 자회사인 슈에이샤 주간지 '소년 점프'를 출간하면서 일본 만화 잡지 전쟁이 시작되었다.

1980년대 '소년 점프'의 전성기를 이끌었던 편집장 니시무라 시게오의 회고록으로 집필된 '만화제국의 몰락'(국내출판; 스튜디오 본 프리)에 따르면, 만화 잡지 편집장은 독자엽서 등을 통해 독자들이 원하는 작품을 정기적으로 조사하여 그에 맞는 유명 작가를 섭외하거나 여의치 않을 때에는 그런 스타일에 맞는 신인작가를 발굴하여 독자들의 니즈에 맞는 작품이 나오도록 적극적인 역할을 담당하는 것으로 보여진다.

그 결과, 소년 점프는 경쟁사와의 싸움에서 성공적인 경쟁우위를 유지하였다는 점에서 만화 산업 역시 기획단계에서 고객의 니즈를 분석하고 이를 반영하여 원하는 타깃을 위한 작품을 생산한다는 점이 분명하다.

이렇게 탄생된 만화 원작은 다시 흥행 정도에 따라 TV방송국과 애니메이션 제작이 채택되도록 협의과정을 거친다. 우리나라와는 달리 원작 저작권에 대한 권리를 우선적으로 보호하는 일본 사회의 특성상, TV방송국은 갑의 입장이 아니라 평등한 입장에서 출판사에 제안하는 형식을 취한다. 그 과정에서 다시 한번 이 작품이 애니메이션화 되었을 때 어떤 시청자층을 타깃으로 할 것인가가 논의되고 그에 따라 완구사와 같은 스폰서가 결정된다.

일반적으로 소비재 시장을 구분하면 지리적, 인구학적, 심리학적, 소비자 행동적 측면에서 시장을 구분할 수 있지만, 일반적으로 아니메의 시장은 일본이건 한국이건 국내 시장을 전제로 하므로, 인구학적 시장 구분이 자주 사용한다. 어린이용 작품의 경우 일반적으로 초등학교 1~6학년을 의미하는 만 6~11세까지 남아 또는 여아 소비자로 규정되곤 한다. 그렇다고 해서 모든 마케팅이 어린이 소비자로 단순화되는 것은 아니다. 이를테면 어린이가 사용하는 완구 상품을 보면 사용자는 어린이지만 구매자는 아버지인데 반해 구매 영향력자는 옆집 친구가 되고 상품 사용 평가자는 그 완구를 통해 얼마나 건전하게 아이가 즐거움을 가졌는가를 평가하는 엄마가 되기도 하는 것이므로 완구 판매를 목적으로 하는 아니메에서도 타깃에 대한 이런 복합적 고려가 이뤄진다.

데쯔카 오사무는 자신이 직접 창작한 만화 '우주소년 아톰'을 원작으로 1963년 세계 최초의 TV 애니메이션 **우주소년 아톰**을 기획, 제작하게 된다. 그 과정에서 자연스럽게 일본의 아니메 시장 역시 어린이 시청자를 대상으로 시작하게 되었고, 점차 일본의 경제성장과 더불어 일본의 아니메 시장은 성장하기 시작하여 다양한 장르의 어린이 만화가 아니메로 제작되게 된다. 특히 나가이 고 원작의 **마징가 Z**와 후속작인 **그레이트 마징가**, **UFO 로봇 그랜다이져**가 연이어 히트되면서 메카물의 전성시대를 만들면서, 완구시장과 연결되기 시작한다. 더구나 1970년대 들어와 작품에 완구회사와 같은 스폰서가 참여하면서 단순히 어떤 시청자층이 볼 것인가하는 정도가 아니라, 어떤 시청자층이 이 완구를 사도록 할 것인가까지 고려하는 정도로 기획력이 발전한다.

일본의 대표적인 완구회사인 다카라와 반다이는 아니메 산업과 떼려야 뗄 수 없는 관계를 형성한다. 반다이는 자신의 특성을 살려 **기동전사 건담**, **드래곤 볼**과 같은 프라모델이나 피규어 제품을 판매할 수 있는 아니메를 기획하였는데, 이를

건담 프라모델

테면 일본 역대 최고 애니메이션 가운데 하나로 꼽히는 **기동
전사 건담**은 1979년 첫번째 시리즈가 방송된 이후 스폰서인
반다이의 완구 판매를 위한 새로운 로봇을 지속적으로 만들
어냈다. 완구 제품 판매를 위해 새로운 로봇을 등장시키는 건
담의 전략은 건담 팬들조차 혀를 내두르게 만들고 있다.

특히 겨울연가 신드롬에서 볼 수 있는 바와 같이, 한번 좋
아하는 메가히트 캐릭터에 대하여는 장기간 관련 제품을 구
매해주는 충성도 높은 일본 소비자의 특성상, 장기간 히트가
되는 건담 시리즈는 반다이로서는 놓칠 수 없는 아이템이었
기 때문에, 반다이는 성인이 되어버린 건담 소비자를 위해서
그에 맞는 새로운 시리즈를 기획하고 그에 맞는 제품을 내놓
는 등 꾸준히 소비자를 붙잡아두기 위한 노력을 아끼지 않고
있다. 건담의 원작자로 전 세계 아니메 팬으로부터 깊은 존경
을 받는 감독 토미노 요시유키조차 건담은 완구사의 의도에
따라 스토리가 많은 영향을 받아오고 있다는 점을 인정하였
다.

프라모델 제품에 맞는 정교한 로봇물 아니메 제작에 주력했
던 반다이와 달리 타카라는 저학년 취향의 완구에 주력하는
특성을 살려 팽이 제품을 판매한 **탑블레이드**, 게임기 상품을
연계한 **록맨** 등 저학년 남아용 아니메를 기획하여 꾸준히 상

품을 판매해오고 있다. 타카라가 일본 내에서 완구사업을 담당한 트랜스포머 시리즈 역시 전 세계적인 메가히트 흥행에 성공하여 아니메에 대한 깊은 관련성을 보여준다.

　재미있는 것은 완구 시장이 크리스마스 시즌에 많은 판매가 이뤄지므로, 아니메 역시 기획 단계에서 철저하게 12월 판매에 맞춰 스토리의 극적 전개가 피크에 이르도록 계산된다. 이를테면, 로봇 아니메라고 한다면, 가장 멋진 로봇이 나온다거나 새로운 중요한 소품이 등장하여 큰 역할을 한다거나 하는 것은 모두 11월을 타깃으로 하는 것이다. 그 결과, 이를 통해 판매를 극대화하려는 완구 회사의 전략이 반영된 것이다.

　1970년대 들어 아니메산업은 어린이와는 다른 타깃층을 서서히 끌어들이기 시작하였다. 소비자 연령의 한계를 깬 기폭제 역할을 한 주인공은 바로 **우주전함 야마토**(1974)를 만든 원작자 마츠모토 레이지였다. 사실 우주전함 야마토는 처음 TV 방영 당시에는 일본 내에서도 별다른 인기를 모으지 못하였다. 그런데 TV판을 재편집한 극장판의 개봉시에 예상치 못한 일이 일어났다. 바로 아니메의 숨어있던 새로운 소비자층인 20, 30대의 성인 관객들이 밤을 새워가며 줄을 설만큼 하나의 사회적 붐을 형성하였던 것이다. 그들은 60년대 소년 만화잡지를 즐겨보며 아니메의 서브 타깃으로 형성되기 시작한 소비자 층이 드디어 공개적으로 그 실체를 드러낸 것이다.

이 사건으로 일본에서는 애니메이션의 마케팅 대상이 기존의 아동, 청소년층에 한정되었던 시장에서 20대 이후의 소비자를 포함하는 새로운 시작으로 확장되면서, 아니메의 성인용 시장을 탄생시키는 계기가 되는 큰 의미를 가지게 된 것이다. 그의 또 다른 작품 은하철도 999는 TV판의 인기뿐만 아니라 1979년 극장판의 경우 흥행수입 16억엔으로 그해 극장 흥행순위 1위를 기록하여 아니메 시장의 타깃을 넓히는 데 공헌하였다.

한편, 일본의 애니메이션산업은 TV방송국과 시간대 계약을 한 광고대행사가 애니메이션사업에 참여하면서 보다 정교한 소비자 분석을 바탕으로 한 다양한 타깃 마케팅 성공사례를 만들어냈다. 애니메이션사업에 본격적으로 참여한 최초의 일본 광고대행사는 아사츠로 후에 ADK로 합병되어 현재 일본 3위의 광고사로 발돋움하였고, 그 과정에 애니메이션사업이라는 독특한 사업 아이템은 이 회사 성장에 큰 역할을 하였다. 이 회사가 관여한 작품으로는 도라에몽, 짱구는 못말려, 케로로 중사 등 스테디셀러가 다수 포함되어 있으며, 직접 아니메 제작회사 및 판매회사를 보유하는 등 수많은 애니메이션 기획, 배급사업에 관여하고 있다.

그후 일본 2위의 광고 대행사인 덴쯔 역시 애니메이션사업에 본격적으로 뛰어드는 등 일본 아니메산업의 만화 출판사-TV방송국-광고 대행사-완구 스폰서라는 이상적인 '제작위원회' 구조의 역할 분담이 완성되게 된 것이다. 특히 광고 대행사의 애니메이션사업 참여는 철저한 타깃 분석과 TV시청률이라는 데이터 분석을 통한 효과 검증이라는 두 가지 측면에서 애니메이션산업을 과학화하고 산업화를 완성하는 계기가 되었다고 생각된다. 이런 점은 우리나라에서도 광고 대행사가 TV방송국의 시간대를 연간 계약하여 관리하는 미디어랩 시스템이 활성화된다면, 애니메이션산업이 보다 산업화될 수 있을 것으로 유추되는 대목이다.

일본의 아니메산업에서 보여준 타깃 마케팅 노하우는, 마케팅이 사람들의 변하는 니즈를 수익성의 기회로 바꾸는 활동이라는 점에서 여타의 산업분야에도 많은 시사점을 줄 수 있을 것으로 생각된다. 우리나라의 콘텐츠 기획자들도 아니메의 기획 노하우를 적극적으로 받아들여 타깃 마케팅의 성공 사례를 보여주었으면 하는 바람을 가진다.

10. '슈퍼 마리오'와 일본 엔터테인먼트산업

엔터테인먼트산업은 인간의 놀이욕구를 충족시켜주는 산업으로 영화에서부터 TV드라마, 게임, 테마파크사업에 이르기까지 다양한 영역을 포괄한다. 그 영역의 선두주자는 미국의 메이져 스튜디오이다. 그 중에서도 세계 미디어 시장은 AOL-타임워너, 월트 디즈니, 뉴스코퍼레이션, 베텔스만, CBS의5대 엔터테인먼트 기업이 전 세계 매출의 10%를 장악하고 있다고 한다(방송영상진흥원, 2007).

세계 콘텐츠 시장 규모가 2003년 기준으로 124조엔 정도로 추산되고 있으며 그중 미국이 50조엔, 일본은 일본의 농림수산업 전체 정도의 규모인 13조엔 정도를 가지고 있다고 한다. 이 규모는 미국의 경우는 총 GDP의 5퍼센트, 일본의 경우는 2퍼센트의 정도이다.

일본은 일찍이 출판, 영화, 음악, 드라마, 아니메, 게임산업 등 각 분야의 엔터테인먼트산업을 성장시켜 왔는데, 특히 사업전개면에서 일본인 특유의 침착함이 일본 엔터테인먼트산업구조를 안정시켜오고 있다.

한 예로 저작권 관리나 배우·캐릭터에 대한 매니지먼트 시스템이 발달되었다. 특히 일본 드라마의 저작권 관리는 저작권자인 외부 제작사뿐 아니라 배우들의 초상권 보호에 이르기까지 철저하게 되어 있어 엔터테인먼트산업의 풀뿌리라고 할 수 있는 저작권자에 대한 배려가 밑바탕에 깔려있다. 이는 아마도 일본인들은 본능적으로 질서를 지키고 체계화하는 속성을 지녔기 때문이 아닐까 생각된다. 따라서 모든 사업을 전개하면서도 체계화가 중요시 여기는 덕목이 되는 것이다. 이에 따라 사업이 전개되기 전에 사업구상이나 시장조사가 철저히 선행된 후에 비로소 사업전개가 개시된다는 점은 우리 기업이 철저하게 반성해야 하는 대목이 아닌가 싶다. 이에 따라 아니메사업을 하면서도 관련 주매출원이 되는 캐릭터 상품화사업의 성공에 철저히 대비하여 사업을 전개할 수 있는 것이다.

그런 점에서 콘텐츠가 창조해낸 캐릭터를 활용한 상품화산업이 가장 발전한 나라가 일본이 아닌가 생각된다. 한 가지 예로 일본 빠찡꼬의 겨울연가 라이센스를 들 수 있다. 겨울연가의 이미지를 빠찡꼬에 부착함으로써, 겨울연가를 좋아하는 소비자층이 빠찡꼬를 선택하게 함으로써 매출이 증가하고, 이 매출의 일부가 이미지 사용료로 한국의 겨울연가 저작권자에게 들어온다.

또한 일본인들이 스타에 대한 충성도 역시 쉽게 바뀌지 않는 장점을 지닌다. 한번 좋아하면 계속 좋아한다는 일본인의 특성상 한번 스타가 된 배우에 대한 충성도는 큰 것이다. 흔히 하는 말로 일본인들은 한번 좋아하면 계속 구매해준다는 말이 있다. 이에 따라 한번 히트한 작품은 10년이 지나도 계속 팬들의 가슴 속에 남아 관련 상품을 구매하면서 후속작을 기다리게 된다. 〈겨울연가〉의 경우, 이 작품 속 배용준의 이미지를 좋아했던 일본인들이 NHK BS에서 방영을 마친 지 수년이 지났지만 많은 일본인들이 한국을 찾아 배용준이 운영하는 식당을 찾아 밥을 먹고 미용실에서 머리를 하고 추억을 만들어 가고 있다. 배용준이 운영하는 콘텐츠 제작사에서는 한일 합작으로 겨울연가를 아니메로 제작하여, 이 작품 역시 일본인의 사랑을 받을 것으로 기대를 모으고 있다.

일본은 애니메이션산업에서 전 세계에서 단연 선두를 달리고 있다. 한 통계에 의하면 세계에서 방영 중인 애니메이션의 60%가 일본산이며, 특히 유럽에서는 80% 이상을 차지한다고 하는데, 매출액 기준으로는 1642억엔(03년 기준)으로 일본 경제에 큰 영향을 미치지는 못한다.

여기서 중요한 점은 아니메산업이 독립적으로는 미약하지만, 게임산업이나 드라마산업, 음악산업과 유기적으로 연결된 큰 시스템 안에 놓여있다는 점이다. 이에 따라 아니메산업은 다른 엔터테인먼트 산업과 잘 연계되고 있다.

게임과 아니메산업이 유기적 협력을 이루면서, 많은 게임 캐릭터들이 아니메로 제작되거나 아니메 캐릭터가 게임으로 제작되어진다. 때로는 One source Multi-use를 목적으로 하는 프로젝트가 자연스럽게 기획되기도 한다.

예를 들면 슈퍼 마리오, 스트리트 파이터, 록맨은 게임 캐릭터로 출발하였지만, 아니메로 제작되어진 바 있다. 아니메가 TV라는 가장 일반화된 매체에 노출되는 콘텐츠이므로 게임 콘텐츠의 프로모션 역할까지 담당하기 때문에 이런 현상은 산업적으로 매우 적절한 조합이며, 우리나라에서도 다양하게 시도되는 방식이다.

슈퍼마리오

그렇다면 왜 일본인들은 미국 엔터테인먼트 업체에 비교하여 아니메, 만화, 게임과 같은 인공적인 엔터테인먼트 세계를 보다 발전시켜온 것일까? 우선 일본의 전통 문화 자체가 인공성을 중시하기 때문이다. 가부키나 노와 같은 공연예술이나 일본식 정원과 같은 생활 문화에 이르기까지 일본인은 자연적인 미 자체보다는 가공되고 정제된 인공적 미를 추구하여 왔다.

두번째는 일본인 특유의 오타쿠 문화를 들 수 있다. 한가지 일에 몰두하여 깊이 파고드는 오타쿠적인 기질은 끈기와 창의성을 요구하는 아니메산업이나 게임산업의 특성과 잘 맞아 떨어졌다고 볼 수 있으며 이는 곧 장인 정신과도 직결되어, 전 세계 소비자들이 만족할 만한 제품을 끊임없이 생산해 내는 데에 성공할 수 있었다.

세번째로, 역설적이지만 일본의 놀이에 대한 부정적인 시각 역시 엔터테인먼트산업 발전에 영향을 미쳤다고 할 수 있다. 일본인들은 함께 노는 데 그다지 익숙하지 못한 것 같다. 따라서 표면적으로는 놀이에 대해 부정적이면서 놀고자 하는 욕구는 숨어있기 때문에 이런 이중적인 사고로 혼자 놀기 좋아하는 일본인 특유의 엔터테인먼트 문화가 만들어진 것이다. 게임산업은 이러한 일본인의 개인적인 놀이 문화와 잘 맞아 떨어지기 때문에 일찍이 일본의 비디오 게임산업이 발전하게 되었다고 볼 수 있다. 우리나라에서 함께 노는 온라인 게임이 발전한 것과 비교하여 생각해보는 것도 흥미롭다.

물론 일본 엔터테인먼트산업의 배경에는 일본인들의 창의적 상상력이 깔려있다. 이를 뒷받침하는 집단이 오타쿠 집단이다. 2004년 노무라 경제 연구소는 오타쿠 인구가 현재 170만에 달할 것으로 추산한다고 발표한 바 있다. 그들의 창의적 아이디어가 일본 콘텐츠산업의 힘이다.

21세기 일본 기업역량의 핵심은 문화, 인재와 기술력이라는

3대 요소라는 지적처럼* 일본 엔터테인먼트산업 역시 전통문
화에 기반하여, 우수한 인력과 기술력을 바탕으로 성장을 지
속하고 있는 것이다.

　지금은 일본 증시에서 꾸준히 5위권에 머무는 초대형 기업
이 된 세계적 전자게임업체인 닌텐도는 100여 년 전 교토에서
화투를 만드는 허름한 가내수공업 공장에서 시작했다. 현재
의 닌텐도를 만든 야마우치 명예회장은 40여 년 전 외조부로
부터 경영을 이어받은 후 전자 게임업체로 성장방향을 정하
게 되었다.

　닌텐도는 게임업계의 후발주자로서 소니나 세가, 마이크로
소프트 같은 쟁쟁한 경쟁업체들이 복잡한 기술을 추구했던
것에 비하여 쉽고 간결한 게임을 추구하는 전략 차별화에 성
공했다. 또 비디오 게임기인 '위Wii'를 통해서는 혼자만이 아니
라 가족이 함께 게임을 즐길 수 있다는 것을 증명하기도 했
다. 더욱이 닌텐도는 스포츠 스타를 이용한 게임 시연대회,
매장에서 소비자가 직접 게임을 체험할 수 있는 시연대 같은
획기적인 마케팅 전략을 세계 최초로 내놓는 수완을 발휘하
기도 했다.

　특히 닌텐도의 성공은 일본 기업이 어떻게 서드 파티와 상

*일본, 일본인, 일본의 힘, 선우정, 루비박스, 2009

생협력하는가를 잘 보여준다. '서드 파티third party'란 특정회
사의 자회사나 하청업체가 아니라 독자적으로 특정 플랫폼의
제품이나 소프트웨어를 개발·판매하는 사업자를 말한다.

　포켓몬스터라는 초대형 작품에서 닌텐도는 이 작품이 외부
저작권자로부터 제안되어 들어온 아이디어였지만, 자체 아이
디어에 비하여 수익분배에서 불리한 조건임을 무릅쓰고, 과
감히 이 아이디어를 받아들여 흥행 성공을 성사시켰으며, 그
후 10년 이상을 발전시켜왔다. 닌텐도는 포케몬을 안정적으
로 발전시키기 위하여 현재는 저작권자인 게임 프리크사와
합작법인인 주식회사 포케몬을 운영하고 있다. 이런 서드 파
티는 게임기나 피시 관련 제품에서 활성화되어 있다. 서드 파
티의 제품이 많으면 하드웨어의 쓰임새가 늘어나기 때문에,
제조사가 서드 파티 업체들을 육성하는 경우가 늘고 있다. 마
이크로 소프트사가 IBM의 서드 파티였다는 점에서 서드 파
티가 산업발전에 얼마나 중요한가를 상징적으로 알려준다. 닌
텐도 게임기와 애플 아이폰이 히트상품이 된 배경도 비슷하
다. 두 제품의 성공에는 제품의 독창성 못지않게 이 제품을
중심으로 한 산업 생태계가 결정적인 역할을 했다.

　우리나라의 게임 전문가들은 서드 파티 논의와 관련하여
1990년대 가전 3사 대기업들이 한국형 게임기사업을 추진했

음에도 불구하고 실패하게 된 원인을 '서드 파티의 부재'에서 찾으면서 게임기에서 본체보다 중요한 소프트웨어가 공급될 토양이 척박했기 때문이라고 지적하고 있다.

2000년대 한류 바람이 분 이후, 외형적으로 활발한 드라마 제작붐이 일어났지만, 사실상 우리나라 드라마 제작자들은 배우 출연료가 비싸서 '못해먹겠다'는 이야기를 하고 있다. 이를 심층 보도한 2009년 3월 MBC뉴스후에 의하면 드라마 제작비에서 출연료 비중이 55~60%로 나타나고 있는데, 이 역시 서드 파티 문화에 대한 부족에서 비롯된 것이라고 할 수 있다. 서로 협력해야 상생할 수 있다는 정신이 밑바탕이 되어야 엔터테인먼트산업이 성장할 수 있다는 것이 일본 그리고 미국의 메이져 기업들의 가르침이다. 그런 점에서 우리나라 엔터테인먼트산업 성장을 위한 해외 진출이 거론되는 이 시점에서 우리에게 무엇보다도 선결되어야 할 과제는 서드 파티와 상생할 수 있는 기업 문화의 도입이 아닐까?

4장

무사도

11. '하록 선장'과 무사도武士道

일본의 아니메에는 다양한 역사 속 영웅 이야기들이 작품 속에 반영되어 있다. 그 가운데에서도 전통 사무라이의 모습 은 빈번히 등장하는 캐릭터이다. 아니메 속의 사무라이들은 때로는 스포트라이트를 받는 주연급으로 등장하고, 때로는 작은 역할로 등장하면서 아니메에서 가장 일반적인 일본의 영웅상을 창조해낸다. 예를 들어, **루팡3세**(1971)에서는 사무 라이인 이시가와 고에몬이 루팡의 친구로 등장하기도 하고, **바람의 검심**(1996)에서는 막부 말기의 4대 검객이었던 가와카 미 켄사이를 비유하여 켄신이라는 주인공으로 그리고 있다.

하지만 그런 사무라이들이 아니더라도, **우주해적 캡틴 하록** (1978)에 등장하는 주인공 하록과 같이 자신의 소신을 위하 여 개인적 사욕을 버리고 심지어, 사회로부터 고립을 자초하 는 주인공 캐릭터야말로 일본 무사도가 표방하는 영웅의 모 습이라고 할 수 있다. 그 점에서는 **은하철도 999**(1979)에 등장 하는 메텔을 비롯한 많은 등장인물들의 모습도 그 범주에 속 한다고 할 수 있다. 이러한 주인공을 규정하는 일본 문화의 미학적 뿌리가 되고 있는 것은 한마디로 무사도武士道라고 압 축할 수 있을 것이다.

우주해적 캡틴 하록
ⓒ1982 Toei
Animation

그렇다면 무사도란 무엇인가? 한마디로 정의하기는 어렵지만, '무사도란 죽음을 각오하는 것이다'는 유명한 '하가쿠레葉隱'의 한 문장이 무사도를 압축하여 표현해준다. 이 말에서 느껴지는 것처럼, 무사도는 죽음을 각오하는 편이 차라리 더 당당했던 혼란기의 철학이었다.

무사도를 형성한 이론적 근거로는 '하가쿠레葉隱'와 '오륜서五輪書'라는 두 권의 책인데, 이 책들은 모두 무사도의 배경이 되는 시대라고 할 수 있는 15세기 중반에서 17세기 초에 이르는 센코쿠시대戰國時代에 쓰여진 것이 아니라, 도쿠가와 이에야스에 의하여 전국통일이 이뤄지고, 현재의 동경 위치에 막부를 세워 정치적 안정이 이뤄진 에도江戶시대(1601~1868) 동안 쓰여진 책들이다. 그로 인해 이 책들은 과거 지향적 입장에서, 신흥 세력인 상인 계급에게 구시대의 천덕꾸러기로 전락한 사무라이들이 부와 권력과 명예를 잃어가던 시대의 철학이었다. 무사도를 확립한 이들은 상인들에 의한 천박한 현실세계를 받아들이기 보다는, 돌아올 수 없지만, 옳고 그름이 분명히 규정되고 남성이 남성답고 여성이 여성다웠던 보다 단순화된 세상을 이상향으로, 다시 돌아올 수 없는 과거를 회고했던 것이다.

이에 따라 무사도에 관한 문학이나 가부키 등은 대부분 에도시대 이전 시대를 소재로 하고 있다. 예를 들어, 17세기에 만들어진 무사도 영웅담인 '쿠수노키 이야기'는 1331년, 카마쿠라 막부 말기, 실제적인 힘이 없었던 일본 천황의 왕권을 되찾으려고 시도했던 '고다이고' 천황을 도와 막부에 반란을 일으켰던 쿠수노키 마사시게 장군에 관한 이야기이다. 막부와 대결하여 명예로운 죽음을 택하여 할복자결을 감행한 쿠수노키 마사시게 장군의 모습은 일본인들에게 영웅적 이미지로 남게 되었다. 쿠수노키의 난은 실패했지만, 그로 인해 점차 약해진 카마쿠라 막부는 결국 고다이고 천황의 사주를 받은 아시카가 다카우지에 의하여 멸망되고, 고다이고 천황은 강력한 왕권을 회복한다. 아이러니한 것은 아시카가 다카우지가 다시 고다이고 천황에 반기를 들어 천황을 쫓아냄으로써, 바로 그에 의해 무로마치 막부시대가 열리게 된 것이다.

카마쿠라 막부에 대한 쿠수노키 마사시게의 난은 처음부터 정당했던 것이라기보다는 권력쟁탈을 둘러싼 음모적 성격이 많았지만, 쿠수노키 장군의 이야기는 '미야모토 무사시'나 '미나모토 요시츠네'와 같은 사무라이 영웅담의 하나로서 노래와 가부키 공연으로부터 역사를 배웠던 서민들 사이에서 크게 유행되었다. 일본인들은 쿠수노키 마사시게 장군의 충성심이 이해관계 때문이 아니라 바로 '무사도'에 의한 영웅적 판단이라는 점에서 그를 영웅으로 생각했던 것이다. 일본인들은 바로 이런 무사들의 모습에서 자신들의 영웅을 창조했고 이런 철학을 일컬어 무사도武士道라고 부른 것이다. 쿠수노키 마사시게를 다룬 작품으로는 태평기라는 소설과 이를 원작으로 한 TV드라마가 있다.

그러나 이런 과거 지향적 배경에도 불구하고 무사도는 1930년대와 40년대의 많은 선동가들에 의해 젊은이들을 일본 제국주의를 위해 전쟁터로 내몰도록 합리화하는 데 악용되는 결과를 초래하였다. 그 뒤를 잇는 현대의 대표적인 인물이 1970년 11월 25일 자위대 동부방면 총감부에서 근대 일본의 퇴폐를 저항하고 46세의 나이에 할복자살함으로써 전 세계를 경악시켰던 동경대 출신의 작가 미시마 유키오로, 그는 무사도를 새롭게 만드는 데 재능을 발휘하였다. 미시마는 정치가가 아닌 순수한 작가였지만, 정치적으로는 급진적 우파였다. 그는 그가 과거의 가치를 인식했던 선상에서 삶을 유지하고자 의식적인 할복자결을 감행한 것이다. 하지만 무사도는 그 뿐만 아니라, 많은 일본의 미디어에서 꾸준히 너무 요란하지 않은 선에서, 무사도 영웅담을 계속적으로 기억시켜준다. 그리고 우리가 좋아하는 '아니메'도 일정한 역할을 담당하고 있다.

12. '멍멍 충신장'과 '쥬신구라忠臣蔵' 사건

"무사도란 죽음을 각오하는 것이다"는 문장으로 대표되는 '하가쿠레葉隠'를 저술한 이는 야마모토 쓰네토모山本常朝(1659 ~1719)라는 무사였다.

야마모토 쓰네토모

야마모토 쓰네토모는 태어날 때부터 몸이 약해 반드시 강하게 살아남겠다고 다짐하고 수련을 거듭하여 무사가 되었다. 규슈 나가사키의 사가번佐賀藩에 봉직하던 야마모토 쓰네토모는 후배 번사藩士에게 1710년부터 1717년까지 7년간에 걸쳐 구술口述하여 58세 때에 무사도의 정신적 토대가 된 '하가쿠레'를 남겼는데, 이 책은 일본의 고전으로 무사도의 바이블로서 전 세계적으로 알려지게 된다.

이 책 하가쿠레가 탄생된 배경은 하가쿠레가 저술되기 8년 전에 일어난 '충신장忠臣蔵' 사건이 있었다. 에도江戸막부시대인 1701년 3월에 쇼군将軍이던 도쿠가와 쓰나요시德川綱吉가 보낸 사신을 접대하도록 선발된 아코반赤穂藩의 영주 아사노 나가노리淺野長矩는 쇼군의 사신인 키라 요시나카吉良義央의 술책에 빠져 모욕을 당하게 되자, 칼로 키라 요시나카에게 상처를 입힌 사건이 발단이 되었다. 아사노는 자신의 자존심을 지켰지만 이 일은 쇼군에 대한 큰 불충이 되는 일이었기 때문에,

그는 집으로 돌아와 자신의 가신들이 지켜보는 가운데 할복 자결을 하게 된다. 이에 아사노의 가신 중 오이시 구라노스케大石内蔵助를 주동으로 하는 47인의 무사들이 주군의 억울한 죽음에 대하여 키라에게 복수하고자 맹세하고, 방탕한 생활을 하는 척하며 키라 측의 경계심을 늦추게 한지, 거의 2년 후인 1702년 12월에 키라의 저택에 침입하여 키라 측 무사들과 싸움 끝에 키라에게 복수를 단행한다. 이들에 대하여 막부 측은 영주들의 의견을 들어 다음해 2월에 전원 할복할 것을 결정하는데, 이 사건은 47년 후 인형극과 가부키 공연으로 다시 태어나 무사도의 귀감으로 당시의 일본인들에게 깊이 영향을 준 사건이었다. 충신장 사건은 코믹 버전으로 멍멍 충신장(1963)이라는 아니메로 제작되었는데, 흥미롭게도 거장 미야자키 하야오가 참여한 아니메 작품이라고 한다.

멍멍 충신장
ⓒToei Animation

충신장 사건에 대하여 하가쿠레는 아사노 측의 47인의 무사에 대해 무조건 복수를 찬양하는 것이 아니라, 그들의 방법론에 비판적 시각을 보인다. 아사노가 자결을 한 후 즉시 키라 측과 싸우지 않은 것은 무사도가 아니라는 것이다. 아무리 수모를 겪으며 복수를 준비한 것은 키라를 죽이는 데 성공하기 위한 것이지만 하가쿠레가 생각하는 무사도는 성공이나 실패냐를 떠나서 목적을 향한 행위와 과정에 중점을 둔 것이다.

하가쿠레를 구술하던 때는 평화가 지속되다 보니 무사로 봉직奉職하는 것은 군인으로서의 무사보다도 경영능력을 우선으로 다양한 능력이 요구되고 칼 이외의 것을 다루다 보니 이러한 시대적 배경에서 과거의 무사도를 회상하며 비분강개하는 것이다.

하가쿠레에서는 주군에의 충성에 앞서 개인적인 윤리관을 적극적으로 표현하고 있다. 또 무사의 존재가치를 공적公的인 의무를 죽음에 임할지라도 다해야 한다는 것을 강렬하게 주장하고 그런 것을 미의식美意識으로 생각하고 있다는 점에서는 우리 한국인의 정서와는 맞지 않는 측면이 있다. 어쩌면 작가 박경리나 김지하가 말한 생명사상이나 일본 사회에 대한 비판과도 맞닿는 측면이라고 할 수 있고, 이런 사상이 일본 아니메에 있다는 점에서는 우리가 주의하여 비판적인 시각으로 우리 청소년들을 지도해야 할 부분이다.

사무라이의 길은 절박함 속에 있다. "열명이 넘는 자들도 절박한 한사람을 죽이지 못한다. 절박해지도록 힘써라"라고 말한 야마모토 쓰네토모의 무사도는 현대 사회에서 직장이라는 전쟁터에서 하루하루 살아가는 우리들의 고단한 삶을 지켜주는 철학과 다르지 않다고 보인다.

13. '수라의 각'과 미야모토 무사시

'하가쿠레葉隱'가 무사도의 이론적 근거라고 한다면, '오륜서
五輪書'는 사무라이의 전설 미야모토 무사시(1584~1645)의 검
술 이론서이다. 그의 이미지는 요시카와 에이지 문학상이 있
을 정도로 일본의 1930~40년대 대표 작가였던 요시카와 에이
지의 소설 '미야모토 무사시宮本武藏'(1935~1939)에 의해 확립
된 것이라 한다. 이 소설을 원작으로 **슬램덩크**의 만화가인 다
케히코 이노우에가 인기리에 연재 중인 만화가 바로 '배가본
드'(학산문화사)이다. 또한 아니메로는 **수라의 각**(2004) 미야모
토 무사시편이 있다.

미야모토 무사시는 일본의 전국시대 후기와 도쿠가와 막부
(1603~1868) 체제가 확립되는 시기에 실존했던 검객이다. 전국
시대란 지방 영주(다이묘)들이 영토 확장을 위하여 무한 경쟁
에 뛰어들게 된 혼란의 시대로, 오다 노부나가와 오다 노부나
가의 수하였던 토요토미 히데요시를 거쳐, 토요토미 히데요
시의 수하였던 도쿠가와 이에야스에 의해 마침내 전국 통일
이 완성되기 전까지의 드라마틱한 시대였다.

미야모토 무사시는 쌍검을 사용하는 이도류의 시조로 '오
륜서'에 니텐이치류二天一流라 부르는 자신의 검술과 병법을 남

배가본드(학산문화사)
ⓒTakehiko Inoue

겼는데, 생애동안 최소 60여 회의 대결에서 단 한 차례도 패배한 적이 없는 것으로 알려져 있으며, 냉철한 전략가, 성공적인 자기 관리의 전범으로 일본에서는 검성劍聖으로 불리울 정도로 높이 평가받는 검객이지만, 사실 그는 쇼군將軍이나 다이묘大名 반열과는 거리가 먼 일개 떠돌이 검객에 불과했다. 그는 평생 아내를 맞아들이지 않았고, 머리에 빗질을 하거나 목욕도 하지 않으며, 떠돌이 낭인浪人의 길을 걸었다. 그에 얽힌 대범하고도 놀라운 이야기들은 많은 민담, 문학 작품, TV 드라마 시리즈를 통해 일본인들에게 소개되고 있다.

그에 관한 일화 중 유명한 것은, 그의 나이 7, 8세 때에 아버지 무니사이無二齊가 단도短刀 기술을 연마하는 것을 옆에서 보고 비웃어대자 격노한 아버지가 단도를 내던져 상처가 났다는 얘기와, 그의 나이 13세 때 자기 동네에 들어와 검술을 뽐내던 '아리마 기헤이'라는 검객을 상대로 목검으로 그의 두개골을 부숴버린 것 등이 있다.

검객으로 이름이 전국적으로 떨쳐지게 되면서 그를 쓰러뜨리거나 살해함으로써 자신이 천하제일이 된다고 믿던 검객들이 주야를 불문하고 그를 방문하거나 노리게 된다. 정정당당하게 약속을 해서 승부를 겨뤄 상대를 쓰러뜨린 게 60여 회라고 하니 그를 노린 검객의 수효는 그보다 몇 배가 되었을 것으로 짐작된다.

그가 터득한 도道의 비결은 바로 '(칼로) 치는 것과 (칼에) 닿는 것'의 차이로 이어진다고 할 수 있다. 친다는 것은 무엇이든 마음에 작정하고 확실히 공격하는 것이지만, 닿는다는 것은 어쩌다 부딪치는 정도를 의미한다. 또 이기기 위해서는 결정적인 기회를 포착해야 한다는 것을 강조하고 있다. 무슨 일이든 허물어질 때나 빈틈이 나타나게 마련이다. 싸움에서 이러한 기회를 정확하게 포착한다면 상대방이 20명이든 30명이든 1대 1의 결투처럼 쉽게 이길 수 있다는 것이다.

그렇지만 그는 단순히 싸워서 이기는 것만을 강조하지는 않는다. "오늘은 어제의 자신에게 이기고 내일은 한 수 아래인 자에게 이겨서, 훗날에는 한 수 위인 자에게 이긴다." 상대방을 제압하기에 앞서 먼저 자신에게 이기기 위해 많은 단련을 쌓아야 한다는 것이다. 단련의 의미에 대해 무사시는 '1천일의 연습을 단鍛, 1만일의 연습을 련練'으로 정의하고 있는데, 이는 그가 어떤 과정을 통해 검의 도에 이르렀는가를 짐작케 해주는 대목이다.

무사시는 그러나 아무리 많은 적과 싸워 이겨도 원칙에 따른 것이 아니면 진정한 도라고 할 수 없다고 강조한다. 이 원칙에 대해 그는 니텐이치류 검술 이론을 정립하였다. 이 검술

이론은 '작은 것을 통해 큰 것을 깨우친다'는 전제 하에 이기기 위한 합리적인 원리로 다섯 개의 고리로 검술을 설명하고 있다. 그 다섯 가지란 땅의 권地の巻—병법에 대한 설명 ; 물의 권水の巻—검술의 도리에 대한 해설 ; 불의 권火の巻—개인과 집단의 싸움에 대한 설명 ; 바람의 권風の巻—니텐이치류와 다른 검술과의 비교 ; 공의 권空の巻—병법의 '도'와 정신론을 말한다. 땅을 통해서는 검술만으로는 도에 이를 수 없기 때문에 전략의 법칙을 터득하라고 강조한다. 또 물을 통해서는 물처럼 맑은 원칙을 지켜야 하며, 불을 통해서는 싸움은 불처럼 변화무쌍하기 때문에 철저한 준비와 전략을 세워야 한다고 주문한다. 그는 또 바람을 통해서는 검법의 형식에 얽매이지 말 것을, 그리고 공을 통해서는 시작도 끝도 없는 도의 성질을 따른다면 승부를 초월하는 큰 싸움을 벌일 수 있다고 가르치고 있다.

14. '팔견전'과 '난소 사토미 팔견전'

무사도의 이상형을 볼 수 있는 가장 좋은 아니메 작품은 막부의 혼돈이 절정에 이르렀던 전국시대를 배경으로 한 고

전문학인 난소 사토미 팔견전南總里見 八犬傳을 원작으로 한 아니메인 **팔견전**(1990)이다.

난소 사토미 팔견전은 에도시대 후기(18세기)에 쓰여진 역사소설로서, 그로부터 수백년 전인 일본의 무로마치 막부시대(1338~1573)를 배경으로 한다. 무로막치 막부시대는 정치적으로 불안정했던 시절로 고다이고 천황에 반대한 아시카가 타카우지가 쿄토 지역에 막부를 세우고 정치를 시작했던 시대로, 일본 역사에 드물게 57년간 두 명의 천황이 각각 공존했던 남북조시대였다. 무로마치 막부는 그 후 점차로 실력 있는 가신이 주인(다이묘)을 쓰러뜨리고 권력을 잡았던 100년간의 무한경쟁시대인 전국시대戰國時代로 연결되는 정치적으로 불안정한 시기였다.

난소 사토미 팔견전에서는 예로부터 개가 지켜준다는 전설을 가진 사토미 지역에서, 여덟 명의 젊은 무사들이 이상적인 나라를 구축하고 있던 난소 사토미 가문을 지켜준다는 줄거리를 가지고 있다. 이 소설은 무사도에 기초한 유교적 권선징악의 이야기이고 수호지의 영향을 많이 받았다고 일컬어진다.

팔견전이란 제목은 그 속에 등장하는 여덟 명의 무사들을 의미하는데, 그들은 용맹스러운 개와 고귀한 부인의 영혼을

난소 사토미 팔견전

받아 태어나서 8개의 명예를 대변한다. 이들은 효성심, 의무, 자비, 충성, 성실, 예절, 지혜, 복종이라는 글자가 새겨진 염주 알을 각각 가지고, 「犬」의 글자를 포함한 성을 가지고 사토미 지역의 각지에서 태어나게 된다. 그들은 전생의 인연에 이끌려 여러 가지 모험을 거치면서 서로를 알게 되고, 난소 사토미 가문의 공주인 후세 히메를 지켜주기 위하여 집결하게 된 것이다.

무사도의 핵심은 군주에 대한 충성이다. 그것은 사극에서 줄거리를 단선적으로 만들 정도로 강하게 작용하는 원리이다. 좋은 사무라이는 군주에 충성하고, 나쁜 사무라이는 그렇지 않다는 단순한 구조이다. 그러나 일본 고전문학 난소 사토미 팔견전이 쓰여질 당시에는, 그렇게 간단한 갈등구조로 표현되지는 않는다. 그 시대의 다른 이야기꾼들처럼 작가도 단순구조가 아닌, '개인적 감정과 사명감' 사이의 충돌지점에서 등장인물을 설정하곤 하였다.

그런 갈등상황에 대한 설정은 **팔견전**의 오프닝 에피소드에서 사토미 지역의 군주인 사토미 요시자네가 개에게 적장의 머리를 베어오면 공주를 주겠다는 약속을 하면서 반영되어 있다. 쇼군시대 동안 보통의 여성들은 상당히 독립적인 면을 많이 가졌지만, 영주의 딸은 근본적으로 결혼 담보였다. 그

개가 그 일을 해냈을 때, 군주는 자신의 약속을 지키지 않으려 하지만, 공주는 결코 그렇지 않다. 공주는 "약속은 약속입니다"라고 아버지에게 말한다. 문제는 그녀가 이중적인 구속 상태라는 것이다. 남성적 기준에 의한 명예가 아버지의 말에 따라 개와 결혼할 것을 강요한다. 그러나 정절에 대한 명예는 그녀가 짐승과 잘 수 없다고 명령한다. 그녀는 자결을 감행하지 않았다. 사실상, 자결이 명예로운 선택일 수 있었지만, 물론 자결을 선택했다면 이야기는 거기서 끝이 났을 것이다. 그 대신, 공주는 개 남편과 함께 산으로 가서 정신적인 사랑을 나누며 살고자 하였다고 한다. 거기서 그녀는 개 남편이 자신을 원하기 때문에 다른 문제에 부딪힌다. 그녀는 남편을 궁지에 몰아넣고 남편이 자신의 권리를 계속 고집하는 순간, 그녀는 자결할 것을 단언한다. 이 모든 예방조치에도 불구하고 그녀는 기묘하게 자신도 모르게 임신이 된다. 그녀가 8명의 고귀한 무사들을 낳을 것이라는 예언자의 목소리가 들린다.

그들의 명예로운 면면들은 역사물이라는 장르의 한계를 뛰어넘는다. 또한 팔견전의 여덟 전사의 모험담은 대개의 아니메 마니아들에 친숙한 유형을 따르고 있다. 첫째, 인물들이 소개된다. 그 다음, 그들은 서로에 대해 알게 된다. 긴장이 발전되고 서로 깊은 연대를 자각하면서 긴장이 다시 해결된다.

마지막에는, 그들은 하나의 팀이 되어 모든 멤버는 서로를 희생하면서 전체의 목적을 위하여 나아간다. 이런 구조는 그후 끊임없이 리메이크된 구로자와 아키라 감독의 걸작 영화인 7인의 사무라이(1954)에서 전형적으로 보여진다. 또한 우주전함 야마토(1974)의 우주군도 똑같은 과정으로 모이게 된다.

15. '바람의 검심'과 신센구미新選組

아니메에서 사무라이 영웅들은 주로 역사 드라마의 형태로 만날 수 있다. 근세를 배경으로 한 걸작 아니메인 카무이의 검(1985)에서는 구 봉건정부를 전복시킨 1868년 메이지 유신을 통해 서구화가 시작된 상황을 다룬다. 메이지 유신이라는 이 역사적 사건은 일본 역사에 대하여 잘 모르는 우리들도 한번은 들어봤음직한 사건이다. 일본 북단섬인 북해도를 지키려는 주인공의 삶에 영향을 미친 이런 역사적 배경은 일본인에게도 잘 알려지지 않은 것 같기 때문에 대사 부분에서 배경설명이 많이 이뤄지고 있다. 주인공 '지로'가 북부 일본 소수 민족인 '아이누족'이라는 사실 또한 이 작품을 통해서 일본의 근대사에서 아이누족이 처한 어려움에 대하여도 알

게 해주는 많은 설명이 필요한 이유이다.

하지만 가장 많은 사랑을 받는 영웅으로는 신센구미^{新選組}가 있다. 신센구미는 일본 후지텔레비젼에서 94편에 달하는 TV 아니메로 제작되어 일본과 우리나라에서 모두 큰 인기를 얻은 바람의 검심(1996)의 주인공 켄신의 실제 인물인 가와카미 켄사이가 속한 막부 말기의 칼잡이 집단이다. 그들을 반대하는 세력인 천황파(유신파)에게 그들의 이름은 공포의 대상이었다.

신센구미를 이해하기 위해서는 당시의 역사적 배경을 이해할 필요가 있다. 일본을 통일한 도쿠가와 이에야스에 의해 1603년 동경을 거처로 시작된 도쿠가와 막부는 1853년 페리 함장이 이끄는 미국의 함대가 우라가^港에 입항하면서 제국주의 격랑에 휘말리는 격변의 시대를 맞는다. 불과 그 14년 후 도쿠가와 막부는 군부 독재를 포기하고 통치권을 천황에게 내놓을 때까지 막부파(좌막파)와 천황파(유신파)는 정치적 패권을 잡기 위하여 치열한 군사적, 정치적 투쟁을 계속하면서 일본은 일순간에 혼란에 빠지게 된다.

특히 1860년 3월 미국과의 통상조약인 카나가와 조약에 서명한 당사자인 이이 나오스케를 에도성(현재의 동경)의 사쿠라 다문 앞에서 살해하게 된 사건 이후 교토에서는 정치적인 혼

바람의 검심
ⓒWatsuki Nobuhiro/
Shueisha/Fuji TV/
Aniplex

란이 일기 시작하였다. 이에 교토의 치안을 유지하기 위해 낭사를 모집하게 되었고, 당시 에도에서 실전검술을 중시하던 검술도장 시위관試衛館을 운영하던 곤도 이사미近藤勇, 히지카타 도시조土方歲三, 오키타 소오시沖田總司, 이노우에 겐자부로井上源三郎 등의 무사들이 천황이 있던 교토로 상경, 초대국장을 세리자와 카모芹澤鴨(나중에 신센구미 대원들에게 참살당함)로 하여 1863년 미부壬生라는 마을에서 신센구미를 결성하게 된다.

신센구미는 국장 곤도 이사미를 중심으로 하여 부장 히지카타 도시조, 그리고 10번까지의 행동조로 구성된 막부 말기 최강의 검객집단이 되었고, 톱니무늬의 하오리를 입고 성誠이란 글자가 씌어진 깃발을 내세운 신센구미는 천황을 옹위하려는 유신파에게는 그야말로 목숨을 내걸어야 하는 공포의 대상이었던 것 같다.

1863년부터 1868년까지 5년간 교토를 장악했던 신센구미는 도쿠가와 막부가 붕괴된 후에도, 끝까지 투항하지 않고 유신파와 싸우며 장렬하게 최후를 장식하게 된다. 결국 친미주의자들이 권력을 잡았고, 천황을 중심으로 메이지 유신을 단행하여 근대적인 국가로 변모할 수 있게 된다. 그리고 서구 열강의 제국주의를 그대로 조선에 적용하여, 조선을 식민지화하는 데 성공할 수 있었던 것이다. 메이지 유신이 오늘날 일본이 전 세계적인 강대국으로 된 근원이 되었다는 점에서, 신센구미의 활약은 영웅이 아니라, 난동이나 깡패집단으로 비춰질 수도 있을 것이다. 그런 사실을 대부분의 일본인들도 알고 있지만, 그들에게는 사무라이들이 역사적 상황을 잘못 인식하고 있다는 사실은 중요치 않다. 중요한 것은 간교한 세력들이 개방을 통해 자신의 이익을 추가하는 반면, 신센구미와 함께 싸우다 전사한 일본의 젊은이들은 이기심이 아닌 보다 높은 가치를 위하여 싸웠다는 점이다.

사무라이가 등장하는 또 하나의 작품인 운계雲界의 미궁迷宮 제가이(1992)에서는 천상계의 싸움에 휘말려드는 두 명의 여고생들이 역사상 위대한 인물들과 만나는 장면이 나오곤 하는데, 그 가운데 신센구미 우두머리였던 히지카타 토시조가 등장한다. 그는 진정으로 자신이 무엇을 위해 싸운 것이었는지 기억할 수 없다고 고백하는 장면에서 그가 무엇인지도 모를 자신의 명분을 위해서 죽을 각오를 하고 있다는 그의 인간적 모습을 보여준다. 이 장면을 통해 우리는 무사도가 '동기'나 '정치적 판단'에서 올바르지 못할 때 영웅의 모습은 더욱더 극대화된다는 점을 느끼게 될 것이다. 어쩌면 그 점이 무사도에 대하여 우리가 거부감을 가지게 되는 이유이다.

16. '수라의 각'과 미나모토 요시츠네

일본 아니메를 보면서 우리를 당혹하게 만드는 또 하나의 특징이 있다. 그것은 많은 수의 미소년 전사들이다. 그것도, 사무라이 전통에서 오는 것이다. 뇌쇄적인 젊은 무사들의 모델은 12세기 사무라이인 미나모토 요시츠네였다. 요시츠네는 무시무시한 실력을 갖춘 무사였지만, 작고 여성스러운 외모를 지녔다고 알려져 있다. 하지만 그의 검술은 그의 맏형인 미나모토노 요리토모를 일본 최초의 막부인 카마쿠라 막부(1192~1333)의 최고 지도자 쇼군으로 만들어 줄 정도였다.

미나모토 요시츠네

하지만 불행하게도, 완전한 승리가 이루어지고 전쟁이 끝나자, 무사 세력을 이간질시키고자 하는 고시라카와 천황에 의하여 쇼군 미나모토노 요리토모는 동생 요시츠네와 대립하게 되었고, 마침내 요리토모는 천황의 명을 받아 요시츠네를 진압할 것을 부하들에게 지시한다. 궁지에 몰린 요시츠네는 충실한 부하 몇을 데리고 언덕으로 도망쳤다. 마침내 그가 더 이상 뛸 수 없었을 때, 요시츠네는 먼저 그의 아내와 가족이 적의 손에 떨어지는 것을 방지하기 위해 죽인 후 할복자결을 감행하였다. 그의 충실한 부하들은 그가 명예로운 최후를 맞을 수 있도록 시간을 벌었다. 그리고 마침내 부하 대부분은 그와 함께 최후를 맞는다.

미야모토 요시츠네는 작고 어리게 보임에도 불구하고 놀랄 만큼 강했다고만 언급된다. 요시츠네는 겨우 10살에 무사가 되었고 30살도 되기 전에 죽음을 맞았다. 요시츠네가 그렇게 미남인지에 대하여 확증하기 어렵다. 오히려 1966년 후지TV가 역사적 기록에서 그의 얼굴을 재생해냈는데, 추남에 가까웠다고 한다.

요시츠네를 동성애적인 대상이자 로맨틱한 인물로 재창조한 것은 무사도를 만들어낸 과거회귀적인 에도시대(1601~1868)였다. 가부키극은 특히 요시츠네의 소녀적 외모를 강조하기 위한 방편으로 그를 여성배우로 캐스팅하기를 즐겼다. 대부분의 공연은 자랑스런 장군으로서가 아니라 비극적 운명의 주인공으로서의 모습을 위주로 한 최후의 날을 다루었다. 남성적인 역할은 요시츠네의 가장 충실한 부하인 괴력의 소유자인 승려 벤케이에게 맡겨졌다. 요시츠네의 이야기는 아니메 **수라의 각**(2004)에 담겨져 있다. 만화로는 '차나왕 요시츠네'(학산문화사)도 있다.

일본의 우익 사학자 중에는 그가 형에 의하여 정벌되어 죽은 것이 아니라, 몰래 바다 건너 아시아 대륙으로 진출하였다는 주장을 펼치는 이들도 있다고 한다. 물론, 그가 1159년에 태어난 것으로 기록되어 칭기즈칸이 요시츠네와 거의 동시대 인물임은 틀림없는 사실이나, 그러한 주장은 일본인들이 그를 매우 아끼고 있다는 외에는 더 이상 언급할 가치를 못 느낀다.

그와 유사한 미소년 전사의 이미지는 1638년에 농민봉기인 시마바라의 난의 지도자였던 기독교도 사무라이인 아마쿠사 시로에게도 찾을 수 있다. 그는 임진왜란에 참여한 고니시 유키나가의 가신이었던 마스다 진베이의 아들이었는데, 매우 총명하고 뛰어난 외모를 지녔던 것으로 알려졌다. 또한 그가 도요토미 히데요시의 아들인 도요토미 히데요리의 사생아라는 설도 전해지고 있다.

그가 일으킨 시마바라의 난은 매우 성공 가능성이 적었던 반란으로, 그는 십자가를 내세워 진격을 감행하였으나, 그와 그의 추종자들은 그 해 안에 쇼군의 병사들에게 잔인하게 학살되었다. 그것은 놀라운 일이 아니다. 아마쿠사는 겨우 16살이었고 전혀 경험이 없었다. 몇몇 역사가들은 그가 단지 명목상의 우두머리였을 것이라고 생각한다. 어떤 학자들은 아마쿠사가 아직 경험이 부족한 어린 아이였기 때문에 그런 무모한 일을 했을 것이라고 생각한다. 사실이 어찌 되었든, 아마쿠사는 곧 쇼군의 통치에 저항하는 상징적인 영웅이 되었다.

1960년대에 그는 다시 억압과 싸우는 사회부정의 희생자의 상징으로 떠올랐다. 각각의 경우에 그의 젊고 소녀 같은 외모는 단지 전설을 더욱 빛나게 해주었다.

요즈음 제작되는 일본의 아니메나 드라마에서는 일반적으로 꽃미남 전통에 그다지 친절하지 않은 것 같다. 미소년은 아직도 유행이지만, 그들이 전사가 되는 경우는 별로 없다. 혹 전사가 된다면 사악한 악당이 되는 경우가 많다. 사이버 시티 오에도 808(1990)에서 꽃미남 경찰관인 벤텐은 좀 나은 편이다. 그는 이 작품에서 경찰관이고 법의 편에 서 있기 때문이다.

어느 나라고 동성애에 대한 문화가 없었던 것은 아니다. 우리나라라고 예외는 아니어서, 고려말 공민왕이 '자제위'라는 친위 경호부대를 미소년으로 구성하여, 음란한 짓을 하게 했다는 기록이 고려사에 실려있고, 이 기록을 근거로, 이 소재는 최근 영화화되기도 한 바 있다. 그런 점에서 일본 아니메의 소재로 동성애가 등장하는 것도 어쩌면 당연한 현상으로 받아들여질 수도 있을 것이다. 하지만 한 때 일본 아니메의 한 종류인 동성애물은 우리 한국 사회에서는 쉽게 받아들여지기 어려운 은밀한 농담의 세계로 이해되어 왔다. 일본 아니메에 등장하는 남성이나 여성간의 동성애가 대부분의 일반

시청자에게는 눈살을 찌푸리게 만드는 것 또한 사실이지만, 일본 아니메에서는 종종 동성애가 다양한 소재로 등장하기도 한다.

그러나 우리 문화와는 달리, 일본은 전통적으로 사무라이의 역사에서 남성간의 동성관계를 수용하고 이상화한 오랜 역사를 가지고 있기 때문이다. 섹스는 젊은 사무라이와 교관간의 관계의 일부이기 일쑤이고, 전쟁터에서 충성스러운 연인의 확고한 보조는 생과 사를 갈라놓을 수 있는 것이다. 전쟁이 없을 때에 일본 봉건도시의 유흥가는 소년 매춘으로 유지될 정도였다고 한다.

사무라이는 고대 그리스 사람들이 그랬던 것처럼 남성 동성애를 전사양성과정의 중요 부분으로서 인식한다. 특히 나이 든 사무라이와 그가 키우는 사무라이간의 관계는 사무라이 세계의 일반적인 모습이었다. 하지만 이상적인 사무라이는 어린 무사와 자는 것을 금하였다. 그는 바라지 않고, 단호하게, 충직하게 멀리서 그를 사랑하였다. 사무라이 문학은 멋진 검사劍士이고 두려움을 모르는 무사인 아름다운 젊은이에 대한 언급으로 가득 차있다. 가부키극은 사무라이 단골들에게 그런 젊은이들을 소개시켜주는 서비스를 하였다. 후에, 타카라주카극에서 모든 배우가 여성으로 구성되어 그런 서비스를 계속함으로써 이 전통이 계승되었다.

소년들에게는 고객이 끊이지 않는 것 같았다. 여성들의 삶에 대하여는 잘 알려지지 않았지만 게이샤나 여성들이 일부다처제와 같이 한 집에서 생활했던 것으로 보여진다. 일부다처제는 봉건시대 일본에서 매우 흔한 일은 아니었다. 부유하고 힘 있는 남성들은 종종 게이샤와 같은 여성들을 데리고 살았지만, 그 여성들은 별채에 따로 거처하였다. 오직 쇼군과 군주만이 첩을 유지하고 있었다.

16세기 후반 일본에 온 예수회 신부들은 사무라이 연인들의 부끄러움을 모르는 행동에 질려버렸다고 한다. 유럽인들이 처음 일본의 유흥가를 보았을 때 그들은 이 현상을 유럽식으로 해석하였다. 선교사들은 가부키를 연행하는 남성 '유흥'집단을 보면서 셰익스피어 연극을 연상했고, 여성 '오락'집단(게이샤)을 마주치고는 홍등가를 연상하였다. 사실, 많은 젊은 남성 '배우'들이 절대 무대 위에 등장하지도 않고, 많은 게이샤들은 옷을 입고 연행하였다는 점에서 그들의 해석은 큰 시각 차이가 있었다.

17. '무사 쥬베이'와 닌자

무사 쥬베이
ⓒ1993 Kawajiri/
Madhouse/JVC/
Toho Co, Ltd

아니메에 나오는 모든 전사가 사무라이는 아니다. 흔히 두건을 뒤집어 쓰고 떼를 지어 나타나 주인공을 공격하는 것으로 그려지는 '닌자'라는 이름의 집단 역시 아니메에서 빈번하게 등장하는 역할이다.

닌자는 일반인의 신체적 능력을 뛰어넘는 훈련을 받는 것으로 알려져 있는데, 몸을 숨기는 은신술과 나무에서 나무로 이동할 수 있는 능력을 가지고 있다고 알려져 있다. 심지어 어떤 닌자는 하늘을 날아 다녔다고 전해지며 닌자는 종종 초자연적 힘을 부여 받는다고 알려져 있다. 예컨대 물속에서 오랜 시간 대나무 같은 것을 입에 물고 숨을 쉬는 등의 은신술이라든지, 변장술을 통해 종종 자신의 외모를 바꾸는 것으로 묘사된다. 또한 원숭이처럼 나무에서 나무로 이동하는 능력을 가지고 있다고 알려져 있으며 심지어 어떤 닌자는 하늘을 날아 다닌다고 이야기되었다. 이런 모습은 언뜻 보면 불가능해 보이지만, 오늘날에도 일반인들은 불가능한 능력을 UDT와 같은 군 특수부대가 수행하는 것과 같은 이치로 그 당시 닌자들은 인간의 능력을 뛰어넘는 훈련을 통해 이런 능력을 어느 정도는 실제로 수행했다고 생각된다. 그런 점에서 닌자는 서양의 캐릭터와 비교해보면 배트맨과 유사하다. 슈퍼맨이나 스파이더맨과는 달리 타고나거나 거미에 물려서 생긴 것이 아니라, 모든 능력은 자신이 고안한 도구를 사용하는 것이거나 훈련을 통해 얻은 것이다.

닌자의 기술은 별 모양으로 끝을 날카롭게 만들어 어떤 경우에는 독을 바르기도 하는 쉬리켄의 사용을 포함한 싸움기술을 포함한다. 젊은 닌자들은 변장술, 위장술, 유혹, 옥, 침투잠입을 체계적으로 훈련 받는다. 때때로 닌자와 보통 범죄자들은 거의 차이가 없다. 역사상의 닌자의 절정기는 15, 16세기로 장군들이 차기 쇼군이 되기 위해 전쟁을 벌이던 때이다. 닌자는 그런 장군을 위해 스파이, 도둑, 유괴범, 암살자 등으로 일하였다.

우리가 언뜻 지나쳐가지만, 사무라이와 닌자의 구분은 간단한 편이다. 자기 주군을 위해 충선을 다하면 무사, 즉 사무라이. 돈을 위해 일하면 곧 자객, 즉 닌자인 것이다. 닌자는 결코 사무라이가 아니다. 닌자는 무술기술인 닌주추를 개발하여 그 기술을 최고 입찰자에게 자신을 파는 용병인 것이다.

무엇보다 닌자가 유명한 것은 그들이 유교적 전통이 일본식으로 표현된 것으로 평가되는 무사도라는 일본의 주류 문화에서 벗어나, 돈을 받고 의뢰인과 계약을 통해 지시를 수행하는 직업 윤리를 가진 집단이라는 점이다. 어떤 면에서 그런 모습은 사무라이의 외통수 같은 모습보다 더 우리에게 인간적인 매력으로 다가올 수 있다. 필요에 따라서, 명예에 대한 가치는 사무라이와는 차이를 보인다. 충성심은 대개의 닌자에게는 얼마든지 버릴 수도 있는 덕목이다. 이가파, 코가파같은 대형 닌자 조직의 리더들은 추종자들로부터 충성심을 요구했고, 때로는 충성심을 가진 경우도 있다. 또한 많은 닌자들은 자신을 그 임무가 남아있는 한, 의뢰인에게 절대적으로 충실하다는 원칙을 명예롭게 여긴다. 물론, 오늘 한 편에 섰던 닌자라고 하더라도 다음날 적대적인 진영에서 고용될 수도 있기 때문에 서로간에 충실함을 줄 수 없다는 것을 의미한 것이기도 하다. 명예의 형식으로서 정절은 여성 닌자에게 찾아볼 수 없다. 유혹 역시 닌주추의 기술 중 하나로 높이 자리매김하기 때문이다.

　닌자는 비록 돈을 받고 일을 하는 사람들이었지만, 일단 의뢰 받은 일에 대하여는 일이 완료될 수 있도록 자신의 일에 목숨을 걸었다는 점에서는 죽음을 각오하고 칼을 들었던 일본 사회 특유의 무사도 전통과 같은 맥락 위에 있다고 할 수 있다. 그래서 닌자가 된다는 것은 프로페셔널하게 자기 직업

을 대하는 일이다. 무사도에서 죽음을 각오하고 싸움에 임하
는 것처럼, 닌자가 되는 것도 비록 주군을 위해서가 아니라,
자기 의뢰인을 위한 돈벌이라는 차이점이 있지만, 적어도 자
신의 일에 절대적으로 충실하다는 원칙을 명예롭게 여긴다
는 점에서는 일맥상통하는 일이다. 때로는 닌자가 반드시 돈
만을 위해서 움직이는 것은 아닌 것으로 보여서 어떤 닌자는
돈을 지불할 능력이 없더라도 의뢰인이 가치 있다고 보면 사
무라이 같은 모습을 보이는 경우도 있었다.

　닌자라는 직업은 오늘의 동지가 내일 자신의 목숨을 노리
는 적이 될 수도 있기 때문에 자신 외에는 아무도 믿을 수 없
는 외로운 일이다. 그리고 이런 외로운 모습이야말로 닌자가
전 세계적으로 호감을 가질 수 있는 매력 요소인 것 같다. 그
래서 할리우드에서도 꾸준히 닌자를 소재로 영화가 만들어
져 왔다. 최근에도 우리나라의 인기 가수 비를 주인공으로
〈닌자 어쌔신〉이 제작되었는데, 흥행 여부와 상관없이 닌자
는 외로운 정체성으로 말미암아 미래에 대한 불안감을 가지
고 있는 젊은이들의 세계에서 쉽게 공감할 수 있는 소재임이
분명하다.

　닌자의 외로움은 요마(1988)에서 마로우와 히카게 사이의
관계로 가장 잘 집약된다. 악귀惡鬼라는 뜻의 제목을 가진 이

작품에서 주인공은 어릴 적부터 함께 자란 가장 친한 친구인 마로우라는 젊은 사무라이를 죽이도록 의뢰 받은 닌자 히카게이다. 마로우를 죽이도록 한 의뢰의 이유는 그가 함께 모셨던 장군을 배신했다는 것이다. 결국 마로우는 영혼을 암흑의 힘에게 팔아 사람을 잡아먹는 식시귀(시체를 먹는 귀신)가 되었다는 것이 밝혀지는데, 히카게는 흔들리는 충성심의 한복판에서 명예를 지키기 위해 씩씩하게 싸운다. 최소한 히카게는 인간이고자 노력하였다.

무사 쥬베이(1993)는 또한 전설적인 닌자의 으스스한 세계를 표현하지만, 이번에는 무대가 전국시대가 아니다. 대신, 무사 쥬베이는 평화롭고 번성한 시대인 에도시대의 이야기를 배경으로 펼쳐진다. 그러나 이 작품은 역사적 근거가 별로 없는 판타지이기 때문에 에도시대의 평화로운 징후는 보이지 않는다. 작품 속의 현실은 쇼군들의 권력이 그들의 영토 안에 있는 누군가에게 도전 받을 수 있다는 것이다. 하지만 실제 역사에서는 2세기 반 동안 그런 상황은 발생되지 않았다. 다만 이 작품 속의 상상의 산물일 뿐이다. 쇼군에 대한 도전자는 죽지 않는 능력을 가지고 있으며, 지상 위에 지옥을 만들어 암흑의 쇼군으로 전국을 제패하고자 하는 사악한 마법사이다. 그는 목적을 달성하기 위해 깜짝 놀랄만한 초능력을 가지고 있는 악령 닌자들의 도움을 받는다. 그에게 대항하는 것은 쇼군을 위해 일했고, 한번 손길이 닿으면 죽음에 이르게 만드는, 아름답지만 교활하고 나이 먹은 닌자인 카게로와, 다른 사람과 어울리지 않는 쥬베이라는 이름의 인간의 힘만을 가진 떠돌이 닌자뿐이었다. **무사 쥬베이**는 비록 닌자일 뿐이지만, 자신의 소신을 지키기 위하여 외로운 싸움을 벌여나감으로써, 일본의 사무라이 영웅의 이미지를 만들어낸다. 그는 남과 어울리기를 꺼리는 사람으로 전체적인 사회의 부패에 대항하는 고독한 전사이다. 그런 점에서 **총몽**에서의 아이도와 같은 캐릭터에서 동질감이 느껴진다.

닌자는 종종 현대를 배경으로 한 아니메에서 코믹한 모습으로 등장하여 일본 어린이들의 사랑을 받는 귀여운 존재이다. 또한 우리나라에서 최근 EBS에서 독수리 5형제라는 제목으로 방영되어 인기를 끌었던 **과학닌자대갓차맨**(1972)과 같이 미래를 배경으로 하는 작품에도 변형된 모습으로 등장한다. 일본인들에게 닌자는 무사와 같은 딱딱한 부담을 주지 않고도, 새로운 발명품으로 자신의 일에 최선을 다하고자 노력하는 일본인의 영웅인 것이다.

총몽 ⓒ1993 Yukito Kishiro/Business Jump/Shueisha/KSS

18. '사이버시티 오에도 808'과 도신

사무라이, 닌자와 같이 잘 알려진 캐릭터들 외에도, 일본 사극에서는 또 다른 서민적인 영웅 모델이 보여지는데, 그들은 바로 산적이나 약탈 사무라이로부터 자신의 마을을 방어했던 농민전사였다. 아니메 속의 농민전사로는 우리나라에 이누야샤나 란마1/2 등의 아니메의 원작자로 잘 알려진 인기 만화가 타카하시 루미코의 단편을 모아 만든 아니메인 루믹월드(1985) 가운데, 가스폭발로 인해 센고쿠시대(15세기 중반~17세 기초)로 순간 이동해버리게 되는 여학생의 모험담인 불의 여행자(1985)에 등장하는 슈쿠마루가 있다. 아니메에서 농부전사 슈쿠마루는 문맹인데다가, 송장에서 훔친 갑옷을 입은 정말로 무식한 소년이다. 슈쿠마루는 겉으로는 큰소리를 치지만, 속으로는 어느 사무라이보다 더 품위 있고 명예를 존중하는 훌륭한 몸가짐을 가지고 있는 부드러운 사람이었다. 농민전사 슈쿠마루는 꽤 잘생긴 외모를 가지고 있어서, 어쩌면 원작자인 타카하시 루미코의 또 다른 인기 캐릭터인 란마를 능가하는 매력을 가지고 있는지도 모른다.

보다 전통적인 농민 영웅으로는 사무라이 스피리츠(1993)의 하오마루가 있다. 하오마루는 근육으로 둘러싸이고, 어린이에게 친절하고 친근하지만 필요하다면, 곰을 맨손으로 잡을 정도로 힘을 가진 거인이다. 슈쿠마루처럼 하오마루도 무례한 매너를 가져서, 부활한 동료들은 거의 그가 부활한 사무라이라는 사실을 알아차리지 못할 정도이다. 그러나 하오마루는 생김새와는 달리 깔끔한 품위와 명예를 가지고 있었다. 그런 깔끔한 거인은 현대나 미래 사회에 관한 아니메에는 별로 필요가 없지만, 자이언트 로보(1992)의 테츠규 같은 인물로 나타나고 있다.

막부시대의 평범한 영웅들로는 에도시대에 도시의 거리를 순찰하는 순경들인 도신이 있다. 도신은 매우 낮은 신분의 사무라이이다. 그들은 밤에 싸움이나 혹은 체포하는 따위의 거친 일을 하도록 고용되어 훈련 받은 평민 조수들을 데리고 거리를 순찰했다. 도신이나 조수들이나 모두 갈고리가 달린 지휘봉같이 생긴 금속막대기인 지테라는 눈에 띄는 무기들을 가지고 다녔는데, 지테로 그들은 싸움꾼이나 술 취한 사무라이의 검을 빼앗는 데 사용했다. 지테는 또한 경찰신분을 나타내는 신분증이기도 했다.

도신에 관한 역사 아니메는 많이 소개되지 않았지만, SF버전으로는 사이버시티 오에도 808(1990)에 등장하는 주인공 벤텐이 도신의 한 모습이라는 것을 짐작할 수 있다. 아니메 속의 사건은 위대한 에도라는 뜻의 오에도라 불리는 미래도 시에서 발생한다. 에도는 에도시대의 동경의 원 지명이다. 천황이 살게 된 1868년부터, 동쪽의 수도라는 뜻의 동경으로 다시 이름 붙여졌다. 오에도는 네오 도쿄라고 말하는 다른 방식일 뿐이다. 벤텐이라는 이름 또한 에도시대의 의미를 포함하고 있다. 그것은 이 경우에, 신도에서 말하는 바다의 여신을 가리키는 것이 아니라 에도시대의 인기 가부키극인 '벤텐 코조' 즉 '도적 벤텐'을 지칭하는 것이다. 원래 벤텐은 사이버시티 오에도 808에서처럼 여성스러운 형태가 아니지만, 가장 유명한 장면은 탈출하기 위해 여성으로 변장하는 것을 포함했다. 연극의 절정에서, 가장 대담한 몸짓으로 여성의 의복을 벗어 던진다.*

사이버시티 오에도 808에서, 벤텐은 가장 대담한 몸짓으로 여성 복장을 한다. 그러나 그의 길고 하얀 머리카락이 힌트를 준다. 그것은 미래적 스타일일 수도 있지만, 가부키 스타일의 가발같이 보인다. 그리고 에도시대의 일본에 대한 이미지를 주기 위해 벤텐은 지테를 가지고 다닌다. 지테는 모양이 예리하고 검으로 사용된다. 실은, '뱀파이어 케이스'편에서, 돌연변이 DNA를 파괴시키기 위해 지테의 끝에 고안된 화합

* Levi, Antonia, Samurai from Outer Space, Open Court, 2001

물과 함께 독을 바른다. 이는 정말로 닌자가 쓰는 트릭보다도 황당한 것이지만 어쨌든 그 역할을 담당한다.

아니메는 사무라이, 닌자뿐 아니라, 농민전사에서 중세 경찰에 이르기까지 다양한 역사 속 캐릭터를 창작의 소재로 사용하는 것이다.

19. '란마1/2'과 쿵후

한국 영화 〈올드보이〉는 일본 만화를 원작으로 제작된 영화인데, 성공한 일본 만화는 국적을 뛰어넘어 영화와 아니메와 같은 영상산업에 모티브를 제공하는 대표적인 소스가 되어 왔다. 이런 영향은 영화와 만화에서만 이뤄지는 것이 아니라, 아니메 역시 영화로부터 모티브를 얻곤 한다. 아니메는 영화를 통해 대중의 인기를 통해 검증된 소재와 스토리, 그리고 등장인물의 캐릭터를 활용하는데, 그 결과 다양한 영화 속 캐릭터들이 아니메 속에서 되살아나곤 해왔다. 그 결과 아니메는 무사도를 숭상하는 비장한 캐릭터뿐만 아니라, 무사도와는 전혀 다른 코믹한 소심남들의 모습도 보여준다. 일본 사회는 외국문화를 개방적으로 받아들이는 속성을 가지고 있기 때문에, 해외 영화 속 등장인물 역시 아니메에서 다양하게 등 장하는 것이다.

전 세계 영상산업의 메카인 할리우드에서도 한 영화가 크 게 히트를 치면, 애니메이션과 TV드라마 시리즈로 재제작하 는 One source Multi-use를 추구하는데, 그 결과 소비자는 자신이 이미 호감을 가지고 있는 콘텐츠 속의 등장인물들을 다시 만나게 됨으로써, 보다 쉽게 공감대를 형성하면서 TV시 리즈나 애니메이션에 호감을 가지게 되는 것이다.

이런 이미지의 전이 현상은 One source Multi-use 전략뿐 만 아니라, '이미지 선점 전략'으로 나타나기도 한다. 이미지 선점 전략은 이미 대중의 인기를 검증받은 스타와 신규 콘 텐츠(또는 신인배우)를 만나게 함으로써, 신규 콘텐츠에 빠르 게 대중의 호감을 얻게 만드는 전략이다. 예를 들면 '애프터 스쿨'이라는 신인 여성 그룹을 런칭시키면서, 손담비와 동일 한 음악적, 시각적 이미지를 적용시키고, 손담비와 함께 활동 할 것이라는 소문을 동반시킴으로써 소비자 대중으로 하여금 '애프터 스쿨=손담비'라는 인상을 심어주는 전략이다.

애프터 스쿨의 경우는 콘텐츠의 제작자가 자신이 성공시킨 콘텐츠의 효과를 새로운 콘텐츠의 제작에 활용한 경우이지 만, 성공한 콘텐츠의 영향이 전혀 별개의 콘텐츠 제작자에게

모티브를 제공하여 유사한 콘텐츠가 탄생되는 경우가 더욱
빈번하게 나타난다. 영화와 아니메, TV드라마 분야 사이에 그
런 현상은 아주 빈번히 나타나는데, 홍콩 영화의 코믹한 캐릭
터인 성룡은 아니메에서 '란마'라는 독특한 캐릭터를 탄생시
키는 결정적 역할을 했다.

지금은 코믹하고 비폭력적인 액션으로 전 세계의 사랑을 받
고 할리우드에서 인정을 받고 있는 성룡이지만, 초기 성룡의
작품들은 대개 홍콩을 배경으로 코믹한 몸동작의 무술 실력
을 바탕으로 만들어진 작품이었다. 성룡은 경극학교에서 배
운 무술 실력을 바탕으로 영화배우로 데뷔하였는데, 그런 기
초를 바탕으로 제작된 그의 영화는 우리나라뿐 아니라 일본
에서도 오랫동안 히트를 치면서 일본인들에게 호감을 주는
하나의 이미지를 형성했던 것이다.

일본의 국민 만화가란 호칭을 받고 있는 코믹 로맨스 만화
의 거장 타카하시 루미코 여사는 이런 성룡의 영화 속 캐릭
터에서 모티브를 얻어 란마1/2의 주인공 란마를 창조하였다.
란마1/2에서는 무술 초보자의 다리에 무거운 구슬을 달고 훈
련을 시키거나, 상대와의 대련에서 몸을 뒤로 크게 젖히는 등
코믹한 동작으로 상대의 공격을 가볍게 피하는 무술 동작을
보여주는데, 이는 정확히 성룡의 스타일을 차용한 것으로, 찰

란마1/2 ⓒFuji TV,
Kitty Film

리 채플린에서 성룡으로 계보를 잇는 '엉뚱하게 전개되는 상황 속'에서 발생되는 웃음을 관객들에게 전해주면서, 란마의 캐릭터를 유쾌한 이미지로 만드는 데 성공할 수 있었던 것이다.

이른바 트렌드 또는 유행이라는 것은 한 사회에서 동일한 정치, 경제적 상황에 놓인 대중들이 동일하게 반응하는 사회심리의 산물이다. 경제불황기에는 불황에서 벗어나고자 하는 사회심리로부터 빨간 립스틱이나 짧은 미니스커트가 잘 팔리게 되고, 영상에서도 꽃보다 남자와 같은 판타지에 빠지게 된다. 또 대중이 하나의 음악장르를 좋아하게 되면 그 음악이 상호간에 영향을 주면서 수년간 동일한 장르가 하나의 트렌드를 이루는 것이다. 80년대로부터 10년간 발라드라는 장르가 우리 대중문화계를 장악하였다면 90년대 중반 시작된 댄스뮤직 역시 약 10년간 대중음악계를 장악해왔다. 콘텐츠산업이 대중의 사회심리에 기인하여, 소비자의 문화적 욕구를 채워준다는 점에서 아니메는 자연스럽게 당대 대중들이 선호하는 캐릭터나 소재를 모티브로 하게 되는 것이다. 그런 점에서 란마1/2은 달콤하고 유쾌한 로맨스 소재를 원하는 소비자의 심리를 영화 속 '성룡'의 이미지와 결합시킨 성공적인 문화상품이었다.

2000년대 들어 홍콩영화계는 전통 무술소재로부터 멀어졌고, 한동안 대중의 사랑을 받아왔던 란마1/2 역시 대중으로부터 멀어진 듯하다. 아마도 이제는 '쿵후'라는 소재만으로는 많은 대중들의 공감대를 끌어오는 데 한계가 있었기 때문일 것이다. 최근 홍콩영화계는 조심스럽게 다시 전통 쿵후를 소재로 영화 제작을 시도해보고 있는데, 이번에는 코믹 액션이 아니라 진지한 무술 영화가 될 것이라고 한다. 이소룡의 스승이었던 엽문의 일대기를 그린 '엽문'이 정통 쿵후 연기자들과 함께 제작되었는데, 이 역시 소비자들의 변화된 사회심리에 맞춰 새로운 모습을 보여주고자 하는 콘텐츠 제작자들의 노력의 결과물이라고 생각된다.

처음 할리우드에 진출한 성룡이 그곳에서 자신을 인정받기까지 많은 실패와 좌절을 이겨내고 미국 시장에 맞는 새로운 영화제작에 성공할 수 있었던 것처럼, 새로운 환경에서 대중의 인기를 얻는다는 것은 분명 쉬운 일은 아니다. 하지만 〈러시아워〉 시리즈로 최고의 영화인으로 자리 잡은 성룡처럼 대중을 이해하고 그에 맞는 자신만의 스타일을 구현함으로써 새로운 콘텐츠는 대중의 지지를 얻을 수 있게 될 것이다. 우리에게 많은 사랑을 받았던 란마1/2과 같은 과거 인기작도 과거의 인기에 연연하지 않고, 새로운 트렌드에 맞추고자 하는 노력을 게을리하지 않는다면, 마침내 대중의 사랑을 다시 받게 될 수 있는 날이 곧 돌아올 것으로 기대해본다. 결국 유행은 변하는 것이니까.

5장

모노노

아와레_{物の哀れ}의

미학

20. 벚꽃과 아니메

예술은 내용과 분위기를 전달하는 데 비유와 상징이 사용되는데, 그런 면에서 그 문화가 만들어진 나라를 벗어나게 되면 이해하기에 어려운 경우가 종종 있다. 과거 시대를 배경으로 하는 사극 아니메에는 사무라이의 대결 장면에서 의례 벚꽃잎이 휘날리는 모습이 나타나곤 한다. 왜 이런 장면에서는 벚꽃잎이 휘날리는 것일까? 그 이유는 봄을 배경으로 하거나 벚꽃색의 분홍색이 예쁘기 때문이 아니다. 바로 벚꽃은 가장 아름답게 만개한 생명체를 의미하고, 그 벚꽃잎이 떨어진다는 것은 곧 아름다운 생명체가 생명을 다하게 된다는 것을 의미하기 때문이다.

예로부터 벚꽃은 일본인이 가장 사랑하는 일본을 대표하는 꽃으로, 황실의 꽃인 국화菊花와 더불어 일본의 제2의 국화로 불리운다. 벚꽃은 일제히 활짝 피었다가 말끔히 낙화하는 모양이 마치 일본의 무사도 정신이나 국민성을 상징하고 일본인의 기질에 맞는다 하여 왕벚꽃(사쿠라)을 백성들의 꽃으로 정한 것이다.

그래서 우리나라에서 벚꽃은 해방과 함께 일제의 잔재라 해 수난을 당했었다. 일본의 저명한 식물학자 코이즈미 켄이

치씨가 벚꽃의 원산지를 우리나라 제주도라고 명시한 바 있
듯이, 사쿠라 나무가 일본에 건너간 것은 고대에 한국 불교
가 일본에 포교되던 서기 6세기경부터라는 사실이 국제적으
로 증명되면서 이제는 한일 양국민이 서로 화합할 수 있는 역
할을 할 수 있는 꽃이 될 수도 있다고 생각된다.

제도물어帝都物語(1991)에서는 1920년대 도쿄의 무녀巫女인
케이코가 악령에 맞서는 장면에서 오래된 벚꽃 나무가 섬세
한 꽃잎들을 흩뿌린다. 이 장면은 단순히 봄을 배경으로 하
기 때문이라고 생각할 수 있지만, 일본인 시청자에게는 죽음
을 암시하는 장면이다. 이 작품에서 케이코가 출발하는 장면
에서 벚꽃이 떨어지는 것을 본 일본인 시청자이라면, 그녀가
오래 살지 못하지만, 아마도 영웅적인 죽음을 맞이할 것이라
는 것을 예상하게 된다. 이는 마치 오우삼 감독의 영화에 비
하자면 대결장면에서 성당에서 비둘기가 날아오르는 것과 같
은 미적 비유를 보여주는 것이다.

바람에 흩날려 떨어지는 벚꽃잎은 늘 죽음과 마주 대하며
살아가는 사무라이의 모습을 가장 잘 상징한다. 이런 모습은
톰 크루즈가 출연했던 영화 〈라스트 사무라이〉(2003)에서도
잘 나타난다. 이 영화에서는 남북전쟁에서 명예를 위해 목숨
을 걸고 전장터를 누볐던 미국의 군인 알그렌 대위(톰 크루즈)

115

가 남북전쟁이 끝난 후 변화된 세상에 거리감을 느끼다가, 일본 천황파(유신파)의 초청으로 신식 군대를 훈련시키러 일본으로 간다. 유신파는 사무라이로 구성된 막부파 잔존 세력을 소탕하려고 하지만, 알그렌 대위는 오히려 현실의 이익보다는 명예를 숭상하는 막부파의 카츠모토 장군(켄 와타나베)에게서 동질감과 우정을 느끼게 된다. 이 영화에서 카츠모토가 죽음을 맞이하는 순간에도 화면은 벚꽃이 뿌려지는 장면을 비추어주는데 이 모습은 바로 아름다운 생명의 덧없는 순간을 포착한 것이었다.

일본에는 '꽃은 벚꽃이요, 사람은 무사はなはさくらき、ひとはぶし'라는 말이 있는데, 어떤 일에 직면하여서도 죽음을 두려워하지 않는 무사도 정신과 주저함 없이 순간적으로 지는 벚꽃의 모습에서 일본인들이 공통적으로 느끼는 아름다움을 잘 표현하는 속담이다. 일본인들이 벚꽃을 보면서 절제된 무사의 이미지를 떠올리는 것을 잘 표현하기 때문이다.

문제는 그런 일본인들의 벚꽃에 대한 순수한 마음을 순수하게만은 받아들이지 못하는 한일간의 역사에 있다. 전투를 위해 전장으로 떠나가는 사무라이는 종종 벚꽃에 비유된다. 2차 대전 당시 가미가제 조종사들은 비행기가 죽음의 급강하를 하며 소리를 내며 떨어질 때 '떨어지는 벚꽃'에 비유되곤 하였다. 당시 일제의 침략전쟁에 끌려가 희생을 강요당한 많은 조선의 젊은이들에게 일제는 벚꽃의 이미지를 드리웠을 것이다. 해마다 3월이 되면 벚꽃의 개화는 일본인들의 관심사가 되고, 가족이나 동료와 함께 즐기는 벚꽃놀이는 일본인들에게 커다란 즐거움이 될지 몰라도, 벚꽃 구경을 나간 우리들 마음 한구석에는 순수하게 아름다움으로만 즐기지 못하는 이유가 있는 것이다.

21. 죽음과 모노노 아와레物の哀れ

벚꽃과 죽음에 대한 일본인들의 호감을 이해하기 위해서는 일본인에게 근원적인 원리인 모노노 아와레物の哀れ의 미학을 이해해야 한다.

모노노 아와레物の哀れ라는 말은 대상, 일반을 지칭하는 [物もの]와 「ああ」「おお」「まあ」라는 감동사와 그때 느낀 「うれしい」「かわいい」「いとしい」「おもしろい」「悲しい」 따위의 감정을 나타내는 말까지 포함하는 개념을 나타내는 [あわれ]의 합성어로, 모노노 아와레는 삶을 살아가는 인생의 비애감을 의미하여, 대표적인 한국인의 정서인 한과 같이, 일본 국민성의 대표적 정서로 평가되고 있다.

일본인들이 모노노 아와레라는 정서를 가지게 된 데에는 몇가지 배경을 유추해 볼 수 있을 것이다. 예부터 일본에는 비가 자주 내려 자연 식물이 자라는 데에는 적절한 반면, 태풍과 지진으로 늘 불안하였고, 섬나라이기 때문에 외침은 거의 없었지만 무사들의 권력 다툼이 심해 평화가 오래갈 수 없었다. 때문에 일본인은 자연에 마음을 붙이며 그 무상無常함에 자신과 자연을 일체화하게 되었고, 이러한 사계절에 대한 감각은 일본인들이 섬세한 자연관을 가지게 만들었던 것 같다. 더욱이 일본에 불교사상이 보급됨에 따라 일본인의 마음 속에 무상감이 뿌리내리게 되었다. 무상감은 원래 생성과 소멸, 번영과 쇠퇴라는 사물의 추이를 전체적, 객관적으로 파악하는 것이다.

이것이 일본에서는 무사가 전쟁에 나가서 죽음을 두려워하지 않고, 당당하게 싸울 수 있는 마음의 단련, 각오를 만들어 내는 정신적 원리가 되었다.

모노노 아와레는 일본 헤이안시대의 왕조문학을 이해하는 데 있어서 중요한 문학적 미적 개념, 미의식으로 평가된다. 모노노 아와레라는 개념을 통해 이 시대 문학에서 사물의 슬픔, 비애 등의 정서를 느낄 뿐만 아니라, 보고 듣고 만지는 사물에 의해 촉발되는 정서와 애수, 일상과 유리된 사물 및 사상과 접했을 때, 마음의 깊은 곳에서 흘러나오는 적막하고 쓸쓸하면서 어딘지 모르게 슬픈 감정 등을 설명할 수 있다.

에도시대에는 유교의 영향으로 유교의 권선징악이라는 개념에 의해 헤이안시대의 문학을 평가하는 시기가 있었는데, 모노노 아와레는 그러한 유교적 기준을 부정하고 일본 고유의 미의식의 재발견이라는 목적하에 제시된 개념이었다.

모노노 아와레를 일본 문학의 가장 중요한 개념으로 정립한 이는 에도시대 일본의 학자인 모토오리 노리나가(1730~1801)였다. 그는 원래 부유한 집안 출신의 의사로 고향에서 의원을 개원하던 중 당시 일본 고유 문학의 중요성을 강조하는 고쿠가쿠國學 운동의 영향을 받게 된다. 신토의 불교적 해석과 유교적 해석을 거부하고 일본 고대 신화로부터 무스비産靈(만물을 창조하고 성장시키는 신비로운 힘) 등 중요 요소를 파악하여 근대 신토 사상이 정립되는 데 큰 공헌을 세운 인물로 평가되고 있다. 그는 겐지 이야기를 언급하면서 처음으로 모노노 아와레 개념을 주창하면서 겐지 이야기를 모노노 아와레의 정점에 있는 작품으로 평가하였다.

그 후 모노노 아와레는 세상의 모든 일을 자신의 감각으로 직접 보고 듣고 느낌으로써 만물의 마음을 자신의 마음으로 직접 느끼는 것, 즉 만물의 마음을 그대로 느껴서 기뻐할 일에는 기뻐하고 슬퍼할 일에는 슬퍼하고 그리워할 일에는 그리워하는 정서를 말한다.

최근에는 모노노 아와레가 다시 한번 일본 사회에서 큰 화제가 되었는데, 이유는 2006년도 일본에서 가장 많이 팔린 책인 후지와라 마사히코의 '국가의 품격'에서 일본인만이 가지고 있는 유전자의 하나로 모노노 아와레가 다시 한번 강조되었기 때문이다. 영국 케임브리지 대학교수를 역임한 일본의 수학자인 저자는 이 책에서 일본인은 아침 햇살에 피어났다 바람에 흩어져 떨어지는 벚꽃을 보며 '모노노 아와레物の哀れ'의 정서에 휩싸인다고 하였다. 또한 일본의 문학은 물론 수학을 세계 최고로 만든 것도, 일본 무사도를 만든 것도 바로 이 모노노 아와레이므로, 일본의 품격을 높이고 세계적인 국가로 설 수 있게 만드는 힘은 오직 모노노 아와레와 무사도에 있다며 일본인에게 그 두 가지 정신을 강조했다.

진정한 아름다움은 일시성에서 찾을 수 있다는 생각인 모노노 아와레는 일본의 문학과 드라마적 전통의 일부로, 사물의 덧없음에 대하여 느끼는 애잔함으로 인하여, 죽음에 이른 존재보다 더 아름다운 존재는 없다는 미학이다. 우리는 '덧없음'을 진정한 미의 열쇠로 생각하는 일본의 오랜 전통을 이

해한다면, 아니메에서 자주 나타나는 죽음에 대한 상징을 더
잘 이해할 수 있을 것이다.

22. '은하철도의 밤'과 미야자와 겐지

은하철도의 밤(1985)은 일본의 천재작가 미야자와 겐지의
1927년도 동화를 원작으로 한 아니메이다. 미야자와 겐지는
시인이자 작가이면서 농업기술자, 지질학자, 불교도, 교사라
는 다양한 얼굴을 지녔고, 영어와 독일어, 이탈리아어, 에스페
란토어 같은 어학과 지질학, 화학, 천문학, 물리학, 수학 같은
학문에도 능통했던 수수께끼 같은 인물로, 일본의 대표적인
국민작가이며, 은하철도의 밤은 그가 33살의 젊은 나이에 폐
병으로 요절하기까지 다재다능했던 천재 미야자와의 모든 면
모를 집약해 놓은 걸작 중의 걸작으로 평가받고 있다. 다른
작품들이 유머와 익살이 빛나는 데 비해 은하철도의 밤은 어
두운 분위기를 띤 특징이 있다.

은하철도의 밤

이 작품에서 두 소년은 신비한 기차에 탑승하여 미지의 목
적지를 향하여 여행을 떠난다. 처음에 그들은 탑승을 즐거워
하고 여행에서 만나게 되는 이상한 사람들을 재미있게 생각

한다. 그러나 후에 기차에 타고 있는 모든 다른 사람들이 죽어 있으며 오직 한 명만이 돌아올 수 있는 티켓을 가지고 있다는 것을 알게 되면서 소년들은 마지막 항해를 함께 하는 남아있는 시간이 얼마나 의미있는가를 깨닫게 된다. 소년들이 인간에게 주어진 시간의 제한성을 깨닫게 될 때, 우리는 얼마나 그 시간이 소중한 것인가 하는 교훈을 똑똑히 깨닫게 된다.

이 작품 속에서는 기차 여행 중에 자신들이 생각하는 천국을 꿈꾸게 되는데, 한 친구는 자신의 엄마가 기다리는 초원의 형태로 천국을 느끼고, 다른 친구는 우주의 검은 공간을 천국으로 여길 뿐이다. 둘은 아주 친한 친구였지만, 각자가 생각하는 천국을 선택할 때 소년들은 각자 선택한 길을 가야 했다. 바로 그 선택은 죽음을 상징하는데, 일본인에게 죽음이란 자신을 버리고, 순수하고 이타적인 마음가짐을 보이는 마지막 목적지라고 여겨진다. 만약 죽음이 퇴색되지 않는다면 죽음만이 해결책이 될 수 있다는 이런 인식이 다른 나라와 달리 일본인들에게 특징적인 의식이다.

이런 인식은 야마모토 추네토모의 명언 "무사도란 죽음을 각오하는 것이다"라는 무사도 전통과 관련 있다. 그러나 원작인 '하가쿠레'를 끝까지 읽어본 사람이라면 이 말이 죽음을 찬미하는 것이 아니라, 역설적으로 살아 있는 순간을 소중히 하라는 의미를 가진다는 것을 알 수 있을 것이다. 즉 죽음에 대한 확고한 인식이 삶의 질을 향상시키기 때문이다.

　모노노 아와레는 시청자들의 눈물을 자아내게 만드는 원인이 되곤 한다. 반딧불의 묘(1988)에서는 2차 대전의 마지막 날에 굶주림 속에 죽어가는 두 어린이의 마지막 순간이 작지만 값진 행복한 순간으로 그려진다. 그리고 역설적으로 그 순간들을 밝고 아름답게 만드는 것은 '죽음이 불가피한 것'이라는 인식이다. 은하철도의 밤 역시 이와 같은 경우인 것이다. 무사도에 공감하기 어려운 우리에게조차 이 두 아니메 작품은 그 아름다움에 대한 공감을 불러일으키는 힘을 가지고 있다.

　사랑하는 연인의 죽음 역시 일본 아니메에서도 피할 수 없는 주제이다. 물론 죽음이 영웅에게는 마지막이 되는 일일 수도 있지만, 그 뒤에는 살아 남아 있는 사람이 있게 마련이다. 그들 중 몇몇은 평생을 남아 죽은 사람을 돌봐주며 애도한다. 은하철도 999(1978)에서, 소년 '철이'는 엄마가 사이보그 '인간사냥꾼'이 재미로 쏜 총탄에 맞아 쓰러지는 것을 보게 된다. 후에 그 소년은 죽은 엄마를 닮았을 뿐 아니라, 은하철도의 여행 동안 그 소년을 돌봐주게 되는 메텔이라는 이름의 여성을 만난다. 할리우드식 영화라면, 메텔이 엄마를 대신하여 철이를 돌보는 해피엔딩으로 끝날 것이다.

하지만 은하철도 999에서 철이(일본판의 이름은 테츠오)는 엄마가 돌아가셨다는 사실을 겸허히 받아들인다. 우리 인간은 모두 혼자이며, 결국 우리가 관심을 가지던 모든 사랑하는 사람들과 헤어지게 될 수밖에 없다는 진리를 깨우치며, 오히려 그렇기 때문에 우리는 매순간마다 최선을 다해서 자신의 삶과 주위의 사랑하는 사람을 사랑해야 한다는 것이 진정한 이 작품의 메시지인 것이다. 이런 삶에 대한 철학은 오늘날 일본의 아니메가 전 세계 대중문화에 깊은 영향을 끼치게 되는 원인 중 하나로 평가된다.

23. '자이언트 로보'와 자살

일본은 세계에서 자살이 많은 나라로 유명하다. 지난 10년간 연속 3만 명이 넘는 사람이 자살로 목숨을 잃었다는 통계가 나왔을 정도로, 자살은 일본에서 커다란 사회적 문제이다. 일본 동경의 중심지 전철역에는 플랫폼에 거울이 달려있어 자신을 한 번 더 돌아보게 하여 자살을 막고자 한다고 한다.

이를 반영하듯, 일본의 문학, 영화, 아니메에서는 모두 등장인물들의 자살이 심심치 않게 등장한다. 많은 역사물을 배경으로 한 영화나 소설에서도 그렇지만, 현대물에서도 우리나라에서 베스트셀러가 되었던 일본 작가 무라카미 하루키의 '노르웨이의 숲' 등에서 자살은 중요한 비중으로 다뤄진다. 물론 이는 치욕스런 현실을 받아들이기보다는 명예로운 선택으로 죽음을 선택하겠다는 일본인의 전통적인 무사도에 의한 영향이라고 보인다. 일본인에게 자살은 사무라이의 자결의식 전통이 잃어버린 명예를 회복할 명예로운 선택이듯이, 하나의 명예로운 선택으로 간주되곤 한다. 물론 일본인이 모든 자살을 명예롭게 여기는 것은 아니다. 아니메는 현실세계에서는 일어날 수 없는 상황을 극대화할 수 있으므로, 일본인들이 영화나 아니메에서처럼 그렇게까지 자살을 가까이 한다고 생각할 수는 없겠지만, 적어도 일본인들이 죽음을 명예로운 선택으로 생각한다는 점은 분명하다.

아니메에서도 명예를 지키기 위하여 죽음을 선택하는 등장인물들이 등장한다. 예를 들어, **자이언트 로보**에서 인류 문명이 위험에 처하게 될 때, 타이소는 동료들과 함께 피신하기보다는 불완전한 기계가 목표를 고정할 수 있도록 주저 없이 그 자리를 사수한다. 그가 죽을 것이라는 데에는 의문의 여지가 없다. 그는 자신의 결정을 존중하고 받아들이는 부인

자이언트 로보

요시에게 작별의 인사를 한다. 거기에는 이유가 있었다. 그녀
는 그가 간 후 살고자 하는 의욕을 갖지 않고 얼마 안 가서
그녀도 죽음을 맞이한다. 그러나 나중에 밝혀지는 것처럼 타
이소와 요시의 죽음은 헛된 것이다. 인류의 생존을 위협하는
궤도를 멈추려는 그들의 노력은 실패로 돌아가지만 그렇다고
그들의 죽음이 값어치가 없다거나 용감하지 않게 되는 것은
아니다.

일본인들이 자살을 하는 동기는 남녀에 따라 차이를 보이
는데, 남성은 병, 경제적인 문제가 나란히 높은 순위인 반면,
여성의 경우는 지병으로 인한 이유가 가장 높다고 한다. 최
근에는 젊은 층의 자살률이 감소하는 반면 상대적으로 40대
이상의 장년층이나 노년층에서 자살이 증가되고 있다고 한
다. 또한 우리나라에서도 2008년 최진실씨 자살 사건에 관한
보도가 나간 직후에는 전국적으로 몇 건의 자살이 뒤따랐다
는 보도가 있었는데, 자살은 사회적으로 전염성을 가지고 있
기 때문에 일본에서도 그런 경향이 있다고 한다. 역시 일본인
들이 특이한 것은 자살하는 사람이 많아지자 이들의 자살을
도와 성공적으로 할 수 있는 방법을 적은 책이 출판되기도
한다는 사실이다.

신도에서 죽음 이후의 공간, 즉 '요미'는 되돌아올 수 없는

암흑의 공간으로 인식한다. 일본 전통 창조 설화에서는 요미에 대하여 그리스 신화 속 오르페우스 설화와 매우 유사하게 표현되고 있다. 여신 이자나미가 죽고, 그녀의 남편(형제)은 슬픔에 잠겨 지하세계로 따라가 그녀를 되살리려 한다. 이자나미 여신은 암흑 속에서 그를 맞이하고 그녀의 사랑을 확인시켜주지만, 그녀를 보기 위해 불을 켜서는 안 된다고 경고한다. 그러나 그는 즉시 불을 붙였고, 그녀가 썩은 시체가 되어 있는 것을 보았다. 그는 그녀의 성난 저주에 쫓겨 공포에 떨며 도망쳤다.

어떻게 이렇게 유사한 설화가 동서양에 공존하는지는 미스터리하다. 하지만 기독교 이전의 서구 전통 역시 동양과 매우 유사한 부분이 많다는 점에서는 이런 유사성은 우연이라기보다는 죽음에 대한 인간의 공통적 직감이 아닐까 생각해본다.

다만 안타까운 것은 명예로운 죽음을 선택하는 일본의 자살 전통이 2차 대전에는 가미가제 특공대로 조선인들을 죽음으로 몰아넣었다는 기억에서 자유롭지 못하다는 점이다. 또한 우리 사회 역시 많은 사회적 문제로 희망을 잃은 사람들이 삶을 포기하고 극단적인 선택을 하고 있다는 점이다. 일본인보다 생명을 소중히 여기는 우리 국민들은 좀 더 자신의 운명을 스스로 개척해낼 수 있는 지혜와 용기를 가지기를 바라

마지 않는다.

24. '팔견전'과 하라키리

일본인들에게 친숙한 사무라이의 자살 방법인 할복자결은
내장을 자르는 남성들의 할복자결을 의미하는데, 이 말에는
하라키리(배꼽 가르기)라는 비하의 의미가 담겨있다. 여성들의
경우 자결의식이 시작은 같지만, 횡경막과 창자를 드러내는
대신 단검으로 목을 긋는 형식으로 좀 더 차분히 죽음을 맞
이한다.

할복자결은 스스로 배를 갈라 자살하는 극도로 고통스런
방법이다. 그 기원은 알려져 있지 않지만, 그 원래 목적은 전
쟁에서 포로가 되어 고문으로 비밀이 누출되는 것을 피하고
자 시작된 것으로 보인다. 이 고통스런 방법은 할복자결을 하
는 사람이 대안이 없는 상황에서 택할 수 있는 방법이다. 할
복자결은 불명예 외에는 아무런 가능성이 없어 보일 때 가장
명예로운 대안이 된다. 때때로 개인적 감정에 의한 연인과의
사랑을 의미할 때 물에 빠져 죽는 방법이 자주 사용되기도
하지만, 할복자결은 개인적 감정과 책임감간의 갈등을 해결하

는 방법이 된다.

할복자결은 두 명의 지도자가 상충하는 질서를 표방하고 나설 때와 같이 상반되는 충성심의 경우에 더 일반적으로 사용된다. 일본의 봉건제도는 복잡한 군주제이며 대개의 사람들은 그들 위로 여러 명의 상위 군주를 모셔야 했다. 게다가 효와 가족적인 충성심의 유교사상은 종종 정치적인 충성심과 갈등한다. 이 모든 요소들은 **팔견전**에서 다음과 같은 장면에서 나타난다. 마을의 원로인 오츠카가 죽어가는 시노의 아버지에게 군주에 대한 충성심을 보이도록 검을 버릴 것을 명령했을 때 시노의 아버지는 그 명령을 따를 수 없다. 오츠카는 마을의 원로이고 또한 가족의 수장이다. 그러므로 그는 일종의 군주이며 시노의 아버지는 충성과 복종을 보여야 한다. 더구나 오츠카는 그 자신의 군주를 대신하여 검을 내려놓을 것을 명령한다. 그러나 시노의 아버지는 그가 한때 모셨던 죽은 군주와, 더욱이 죽은 군주의 아들에게 충성을 바칠 것을 약속한 것이다. 만약 그가 검을 내려놓을 것을 거부한다면, 그는 지금의 현실적인 군주인 오츠카에 대한 예의와 충성을 보이지 못하는 것이다. 거부는 또한 그의 가족의 안전을 위험에 빠뜨린다. 그러나 그가 검을 내려놓는다면, 그의 개인적인 명예는 상실된다. 그는 양자택일의 순간에 할복자결을 감행한다. 그럼으로써 그는 검을 지킬 수 있다는 확신을 아들에게 충분히 보여줄 수 있는 것이다. 이 종류의 할복자결은 또한 저항의 형식이다. 그것은 "네가 이렇게 만든 거야"라고 말하는 극도의 표현인 것이다.

사무라이 여성도 만약 명예가 손상된다면 자결을 선택하지만 이 경우에는 종종 명예는 정절과 직결되어 있다. 그리고 그들은 보통 할복하지 않는다. 그것은 품위 없는 행위로 인식된다. 그 대신 그들은 손발을 고정하고 적에게 허리를 숙이지 않도록 한 후 단검으로 목을 긋는다. 이것은 사무라이 여성이 사무라이 남성에 비해 유일하게 유리한 점이다.

6장

신도神道

25. '3×3 아이스'와 신도 ; 상상력의 기원

3×3 아이스
©1991 Yujo Takada/
Kodansha/Bandai
Visual

3×3 아이스(1991)에서는 반은 소녀이고, 반은 괴물인 주인 공이 등장한다. 도대체 이런 캐릭터는 어떻게 만들어질 수 있을까? 정상적인 인간이 이런 상상력을 발휘할 수 있다는 점은 아니메가 보여주는 놀라운 측면이다. 이런 상상력이 일본의 애니메이터들이 다른 나라의 창작자들보다 유별나게 일에 열중하기 때문은 아니다. 그들의 창작 작업은 보편적인 판타지 영화의 창작자들이 하는 작업방식과 다를 바가 없다. 그 작업방식이란 고대의 신화, 전설, 종교와 영웅담으로부터, 현대적인 아이디어로 다시 재창조하는 것이다. 그럼에도 불구하고 일본의 아니메 속 캐릭터들이 기이하게 여겨지는 것은 일본인들이 완전히 다른 문화적 전통에서 작품을 그려내기 때문이다. 작품에서 사용되는 신화들은 우리에게는 낯설다. 그 이유는 이 소재들이 대개 우리에게는 낯선 일본의 전통 종교 신도神道에서 가져온 것이기 때문이다. 1949~53년 오사카대 고하마 모토쓰구 교수는 일본 전국의 5만 6천여 명의 두개골을 조사해 본 결과 현대 일본인의 원류가 아이누인과 한반도인이라는 사실을 밝혀냈지만, 일본인과 한국인의 차이를 만들어 내는 것이 일본의 신도라고 할 정도로 신도는 일본의

독특한 문화를 만들어 내고 있는 것이다.

일본 전국에는 8만여 개의 신사가 있고, 1억 2천만 인구 가운데 1억 1천만이 신사를 정기적으로 드나들면서 800만을 헤아리는 신들을 믿고 있다. 그 신들의 정상에 '천황'가의 수호신인 태양신 '아마테라스 오미카미'가 있다. 일본에서는 부처조차도 수많은 신들 가운데 하나일 뿐이다. 신도는 아니메에 800만 개의 신격과 전설을 제공하고 있다. 신도가 가진 것은 신과 여신들, 영웅과 무뢰한, 고귀한 영혼과 사기꾼에 관한 2000년 이상의 값어치가 있는 이야기이다.

종종 카미라고 부르는 신도의 신격^{神格}은 서구개념의 신과 전혀 관계가 없음에도 불구하고 범주상 신^{God}과 중복된다. 하지만 여기서 신의 개념은 서구의 유일신 개념과 달리 만물정령사상에 가까운 신 개념이다.

카미는 경외를 불러일으키는 무언가의 본질 혹은 영혼이다. 인상적인 산 혹은 아름다운 폭포는 카미가 될 수 있다. 고대의 나무, 기이하게 생긴 바위, 그리고 거의 모든 동물도 카미가 될 수 있다. 여우, 너구리, 토끼, 특히 고양이를 조심해라. 그들은 신도에서는 사기꾼의 의미를 가진다. 분노, 질투, 환희 같은 인간의 감정도 카미가 될 수 있다. 전쟁, 풍요로움, 자비 같은 추상적 특질도 카미가 될 수 있다. 그리고 물론,

인간도 카미가 될 수 있다. 황제는 분명히 강력한 카미지만, 1905년의 러—일 전쟁에서 승리하여 할복자결을 행하여 황제의 죽음을 따른 노기장군 같은 사람도 카미이며 그에게 바쳐지는 사당을 가진다. 그리고 현대 일본인에게 아직도 영향력을 미치는 선사시대부터 이어져오는 오래된 카미도 있다. 신도는 일본의 애니메이터에게 수많은 이야기를 전해준다. 신도 설화들은 아니메 창작자들이 무의식적으로 일깨우고 시청자 역시 받아들이는 어린 시절의 기본적인 공감대를 형성한다.

사실, 이런 만물정령사상Animism적인 신과 전설은 대개의 고대 문화에서 발견된다. 신도는 이런 전통을 오랫동안 변치 않고 현대까지 보전하고 있다는 점에서 놀라운 문화이다. 유럽인은 중세에 이교도의 전통을 소멸시켰다. 다른 문화권 역시 전통을 잃었거나 18, 9세기에 서양의 제국주의 언어형태로 왜곡되어져 왔다. 그러나 일본인들 대부분은 아직도 신도 문화를 가지고, 축제에서 반나체가 되어 춤을 출 수 있는 능력을 고스란히 남겨놓았다.

전 세계적으로 친숙한 미야자키의 이웃의 토토로에서도 이런 종교적 배경은 나타난다. 다만 이런 이미지는 대부분의 외국인 시청자들이 놓치기 쉽다. 예를 들어, 메이가 길을 잃었을 때 그녀가 일렬로 늘어선 동상들의 발치에 앉아 있는 장면이 바로 그것이다. 그 때 등장하는 동상들은 아이들을 보호하는 전통적인 일본의 신으로 이것으로 메이가 안전할 것이라는 무언의 메시지를 시청자들에게 보내고 있는 것이다. 영화의 다른 부분에서는 길거리에 있는 사당에서 주인공들이 절을 하는 부분이 있는데 그것은 일본의 전통이라고 할 수 있다. 또한 영화에는 마을을 보호하는 신을 모시는 곳인 사당의 문과 여우동상이 나오고, 녹나무 줄기에 볏짚과 종이로 띠를 두른 모습은 제사 의식을 암시하고 있다.

물론, 고대 신화에 대한 관심은 일본에만 있는 현상은 아니다. 서양에도 고대 켈트족, 그리스와 다른 서구 신화에 근거한 판타지 소설은 젊은 성인층에 많은 인기를 끌고 있다. 그리고 또한 서양의 작가들은 다른 신화를 연결해 새로운 무언가를 창조해내는 실험을 시작해왔다. 톰 로빈의 지터벅 퍼퓸을 예로 들면, 그리스와 게르만 신화를 부두Voodoo교와 밀교적 불교에 접합하였다. 닐 게이만은 그림소설 샌드맨에 기독교를 포함한 서양의 전통으로부터 모든 캐릭터들을 끌어왔다. 고대 서구신화를 현대의 시청자에게 다시 전달하는 TV 프로그램은 할리우드에도 있는데, 검과 마법을 소재로 한 판타지 영화의 성공에 고무되어, 헤라클레스나 여전사 제나를 창조했다. 둘 다 종종 시대에 구애받지 않는 재미있는 유머를 섞어가며 흥미를 북돋워서 신화의 새로운 구성과 등장인물을 가미하여 복합적 요소를 보여주고 있다. 폭력, 섹스, 죽음에 대한 경직된 서양의 규제가 그들로 하여금 좀 더 발전할 수 있는 것을 막고 있지만, 이런 움직임이야말로 할리우드에 대한 일본 아니메의 영향에서부터 온 것이라고 할 수 있다.

아니메는 세계 다른 어느 것보다 더 매력적이고 완벽한 환상의 세계를 팬들에게 제공함으로써 노력의 대가를 얻게 만든다. 그리고 아니메는 고차원적인 예술의 형식으로 승화된 현실 도피이다. 과밀한 인구와 경직된 사회의식에 심하게 억제되는 개인의식을 가진 일본 사회에서 창조된, 이 예술형식은 시청자로 하여금 다른 방법으로 표출할 수 없는 꿈을 꿀 수 있는 많은 환상세계를 제공하도록 고안된 것이다. 로봇이 살고 있는 외계의 행성이건, 꼬마요정과 함께 하는 완벽한 전원의 천국이건, 신과 악령이 함께 하는 초자연적 세상이든지, 불량 청소년들과 외계의 침입자와 맞서 싸우는 평범한 일본의 이웃이든지, 일본의 애니메이터들은 그럴듯한 상상의 환경과 피조물을 만드는 데 정말 소질이 있다.

26. '오! 나의 여신님'과 종교적 혼합주의

왜 오! 나의 여신님에서는 작품 초반부에 큰 사건을 만들어 낸 벚꽃나무로 있던 '욕드라실Yggdrasill'이 다른 차원을 연결 시켜주는 통로역할을 하게 된 것일까? 또한 이 벚꽃나무는 우주적인 컴퓨터 네트워크의 한 부분이고 토끼의 모습으로 되는 것일까? 이 작품은 일본의 신화가 아닌, 북유럽의 신화를 인용하고 있다. 하지만 그 배경에는 일본 특유의 종교적 혼합주의가 깔려있다.

오! 나의 여신님
ⓒ1993 Kodansha

일본 아니메를 통해 일본 문화를 보려고 할 때, 외국인으로서 가장 이해하기 어려운 세계는 아마 전통 종교인 신도神道가 다른 종교와 혼합되는 문화적 현상이라고 할 수 있다. 일본 아니메는 신도를 문화적 배경으로 만들어진 것이 많기 때문에, 작품 속에 드러나는 진리, 우주, 이성, 현실에 대한 일본인의 관점은 매우 다르다는 것을 의미한다. 서양의 팬들은 종종 아니메의 매력은 전혀 다른 시각에서 예기치 못하게 만드는 점, 은근한 이상함에 있다고 이야기한다. 사실, 신도라는 일본문화는 일본인과 함께 같은 수천 년간 아시아 문화를 공유한 우리 한국인에게조차 놀라울 정도로 생소한 것이다.

신도는 비非구성적 종교라는 표현이 가장 잘 어울린다. 공식적인 신학도 없고, 마련된 경전도 없고, 청결함 이상의 도덕적 법전도 없다. 그런데도 신도가 이토록 오랫동안 지속될 수 있었던 것은 일본이 한국과 달리 왕권이 강화되지 못했기 때문이다.

'천황'제가 살아남은 것도 신도 때문이다. 세계 각지에 원시 신앙이 있었지만 일본의 신도처럼 사회의 주류로 지속돼 온 곳은 없다. 신도를 이해하는 것은 일본의 전부를 아는 것이다. 막부시대 일본 천황이 '허약할 정도'로 권력이 약해졌는데도 막부가 천황을 죽이지 않은 까닭도 신도와 관련이 있다고 본다. 천황은 일본인을 지배한 신도와 직결됐다. 사무라이들은 사후의 삶을 보장받기 위해서라도 천황을 섬겨야 했다.

신도는 항상 역사적 혹은 문화적 가치를 전달하기 위해서만큼 오락적 가치를 위해서 만들어진 이야기를 통해 전승되었다. 실은 고대일본에는 문자나 공식적 기록이 없었기 때문에 일본인 대부분은 일본기日本記 혹은 고서기古書記 같은 고대 문자로 다시 수록된 초기의 신화와 '타로 우라시마, 눈아가씨, 대나무숲의 공주'같은 민간설화를 구분하지 않는다. 일본인들은 이를 단순히 받아들인다.

많은 일본 젊은이들은 신도 신앙을 완전히 부정한다. 만약 물어본다면, 그들은 하나의 지나간 조잡한 미신의 모음이라고 부를 것이다. 그러나 그들 대부분은 신도 축제에 참여하고 신도 부적을 배낭에 주렁주렁 달고 다니고, 때때로 동네신사에 헌금을 남긴다. 만약 캐묻는다면 대개는 이건 가족전통 때문에 하는 것이지, 개인적 믿음 때문이 아니라고 설명할 것이다. 일본에서 살다 보면, 대개는 그런 주장에 의심을 갖게 된다. 전통 신앙에 대한 일본인들의 태도는 사실, 이성적인 냉소를 보내면서도 한편으로는 신앙을 완전히 버리지 않는 사려 깊은 혼합이다. 그것은 또한 고대설화를 적절히 받아들이는 선택에 대한 인식이자 신도 신을 부정하는 것은 또한 편협한 삶의 방식과, 편협한 세계관이 될 것이라는 생각을 포함한다. 이점이 일본 젊은이들이 우리에게 쉽게 설명할 수 없어 단지 무신론으로 간단하게 말해버리는 바로 그 내용이다.

그러나 우리들은 신도 축제를 처음 보면서 위에서 이야기한 '무신론'을 이해할 수 있게 될 것이다. 신도 축제는 종교적 행사라기보다는 파티 같이 보인다. 신도는 단지 고요한 목소리와 겸손한 간청의 종교가 아니다. 신도 축제는 보통 사케(전통술), 맥주, 위스키에 의해 채워진 시끌벅적하고 종종 난잡한 축제이다. 신사에서 기도하는 사람들조차 시끄럽다. 사람들은 신이 그들의 소리를 듣고 있으며 노력이 헛되지 않으리라는 것을 확실하게 하기 위해 종을 치고, 신사 앞에서 손뼉을 두 번 딱딱 친다. 아이들은 신사의 운동장에서 자유로이 뛰어다니고, 누구도 조용히 하라며 아이들을 제지하지 않는다. 신도는 결국 삶의 축복이다.[*]

일본인에게 신도는 삶의 종교이고, 종교란 분석이나 신념의 문제인 것이 아니라 실천의 문제이다. 일본인은 신도로 태어나 결혼하고 가장 요란하고 화려한 신도 축제와 함께 즐거워하며 신도의식으로 삶을 마치는 것이다. 다시 말하면, 우리는 일본 대중문화 속에 담겨진 신도라는 문화적 배경을 모른 채 넘어가는 것은 작품의 전후 맥락을 완벽히 이해하기는 한계가 있다고 할 수 있다.

신도가 살아남은 주된 원인 중 하나는 신도 문화가 다른 종교이론, 주장들과 조화를 이뤄 존재할 수 있는 능력 때문이다. 일본인들은 전국을 지배하는 체제가 미약해 원시신앙이 훼손되지 않았고, 여기에 지진, 화산, 태풍이 빈번한 자연환경에 대한 불안감 때문에 불교 등 추상적인 고등 종교보다 신도에 의지하게 됐다.

일본 불교는 불교적 진리보다는 현세의 이익을 가져오는 신으로서 수용되어, 주술적 종교로서 일본 사회의 신도적 풍토에 적응했다. 결국에는 장례식, 조상숭배, 주술적 기도처럼

[*] Levi, Antonia, Samurai from Outer Space, Open Court, 2001

기존의 신도적 의례를 대신하여 각종의 종교 서비스를 제공하고 신도에 흡수되었다. 일본역사 초기에 불교 선교사는 해가 뜨는 나라 일본에 신앙을 가져왔다. 그런 상황에서 우리들이 예상할 법한 그런 종교전쟁을 야기하는 상황 대신 신도와 불교는 서로 융합되었다. 불교 승려들은 신도의 많은 신들이 천상의 육화肉化로 불교성인이 출현하는 꼼꼼한 표를 만들었다. 나중에 불교사원과 신사는 때때로 같은 공간을 차지하게 되었다. 교토에 있는 '키요미주'의 절을 예로 들면, 이것은 신도의 생식력의 신 오쿠니누시와 토끼 동료인 '이나바의 하얀 산토끼'의 신사 주변에 지어졌다. 그럼에도 불구하고, 불교 승려는 바로 옆에 있는 '생식력의 신'에게 방해 받지 않고 금욕생활을 차분하게 해나간다. 신도의 부적은 종종 불교행사에서 판매를 위해 제공되거나 혹은 그 역의 경우도 있다. 결과는 오늘날 대개의 일본인들에게 행해지는 통합적인 혼합이다.

일본의 유교·주자학도 마찬가지 길을 갔다. 핵심 개념인 '이理'나 '천리天理'는 17~8세기 유학자 오규 소라이에 이르면 완전히 소멸, 탈락하고 현세적 실천윤리로 변질된다. 외래 고등종교가 토속종교를 제압하는 일반적 패턴과는 다르다.

그리고 그런 인정은 불교나 유교로 끝나지 않는다. 일본인이 도교를 더하고, 힌두교의 요소를 더하고, 가장 최근에 기독교를 그 정신의 창고에 더해왔다. 기독교 선교사들은 새로 개종한 일본인들이 십자가를 가족 성물聖物 옆 부처 위에 걸 어두는 것을 보고 종종 당황했다. 혼합하고 화합시키는 것이 가장 명확한 일본 종교의 태도이다. 예를 들어 교토 근처의 류구 오토히메 신사의 신자들은, 그들의 창시자를 신도의 바 다의 여신인 용궁 공주의 화신化身으로 우러러 공경한다. 그들 은 또한 여호와를 일본 바람신 스사노와 동일시하여 예수와 토라를 둘 다 숭배하고 가모家母장 제도가 회복되고 유태인이 이스라엘에 평화로이 있을 때까지는 땅 위에 조화가 있을 수 없다고 주장한다.

신도는 종교적 혼합주의를 가지고 있어서 다른 어느 문화 권보다도 더 판타지 세계를 창조하는 데 훨씬 더 알맞은 문화 적 배경이 되어준다. 일본인들은 이성적 판단의 잣대를 벗어 나서, 다양한 동서양의 고대 신앙을 신화의 비빔밥에 덧붙이 는 것에 대해 양심의 가책을 느끼지 않아도 되는 문화적 환 경을 가지고 있는 것이다. 그런 자유로운 창작의 문화가 만화 와 아니메란 대중문화로 꽃피우게 된 것이다.

27. '천지무용'과 아마테라스

고대 신화는 문자가 없던 시절, 사람들의 입에서 입으로 구전을 통해 면면이 이어져 왔다. 8세기 일본이 한자를 쓰기 시작했을 때 첫 번째로 행한 일이 고대 신화를 번역하는 일이었다. 신화들은 지금도 일본기日本記와 고서기古書記 이후 두 가지 버전으로 이어져 내려오고 있다. 물론 읽기가 어렵기는 하다. 이는 부분적으로는 너무 오래된 때문이지만, 대부분은 활자화된 번역이 1900년대 초반 이루어진 것이고 번역이 어려운 부분은 그대로 남아있기 때문이다.

천지무용 ⓒPioneer
LDC/AIC/TV Tokyo

많은 아니메 작품들이 고대 신도 신화를 차용해왔다. 예를 들어 일본 최고의 코믹 순정만화가인 타카하시 루미코의 원작 만화를 아니메화한 천지무용(1992)에서는 태양의 여신 아마테라스와 남동생 스사노의 신화를 기본 줄거리로 차용하고 있지만, 일본인이 아닌 외국인으로서는 신화를 잘 이해하고 있지 못하기 때문에, 차용 사실을 알 수가 없을 것이다. 하지만 이 이야기는 우리들이 기독교도가 아니거나 혹은 성경을 읽어본 적이 있는지에 관계없이 아담과 이브 이야기를 알고 있는 만큼이나 일본인들에게는 잘 알려진 이야기이므로 일본 시청자는 그 사실을 놓칠 염려가 없다. 그런 배경을 이해하고 있다는 사실은 외국인이 이 작품을 시청하는 것과 달리, 일본인들은 보다 깊이 있게 이 작품의 의미를 공감할 수 있다는 것을 의미한다. 그 결과, 현대 아니메에서 표현되는 신화적 배경은 드라마, 코미디, SF, 판타지 등 뭐라고 규정하기에 어려운 새로운 형식의 이야기를 만들어냈다.

일본의 천황, 즉 덴노의 경우는, 일본 신화의 아마테라스 여신의 직계 자손으로서, 만세일계라 하여 단 한번도 혈통이 끊기는 일 없이 수천 년간 지속되어 덴노는 현존하는 일본인의 신으로 헌법적으로 인정받고 있다. 그만큼 아라테라스는 일본 신화에서 중요성을 갖는 신이다.

아마테라스天照 또는 아마테라스 오미카미天照大神(천조대신)는 일본 신화에 나오는 태양의 신으로 신도 최고의 신이다. 아마테라스라는 이름의 의미는 말 그대로 하늘에서 빛나다라는 뜻으로, 일본열도와 무수히 많은 신들을 창조한 신들인 이자나미와 이자나기에 의해 태어났다. 이자나미와 이자나기는 남매였지만, 또한 결혼하였다. 아마테라스의 남동생은 폭풍신 스사노이다.

가장 유명한 싸움은 스사노가 천상의 높은 평원을 방문하였을 때 일어났다. 표면상으로 스사노가 천상을 방문한 목적은 전에 일어난 사건에 대해 사과하려는 것이었지만, 아마테라스는 초반부터 스사노를 의심했다. 아마테라스는 그의 행동을 보고 확신을 갖게 되었다. 그는 그녀의 논을 짓밟았고 그녀의 왕좌 위에 배변함으로써 그녀의 왕궁을 더럽혔다. 그러나 마지막 불행은 그가 껍질이 벗겨진 망아지를 아마테라스가 천을 만드는 방에 내팽겨침으로서 아마테라스를 분노하게 만든 사건이었다. 신도에서는 '청결함'이란 바로 신성함 그 자체이기 때문에 학자들은 죽음과 피의 결합이 심각한 오염을 상징한다는 데에 동의함에도 불구하고, 이 사건이 왜 용서받을 수 없는 것인지에 대해 견해가 다르다. 깊이 상처 받은 아마테라스는 천사의 바위협곡으로 은거하여 입구에 거대한 바위를 가져와 대지에 빛을 남기지 않고 거기 머물렀다. 대지는 죽기 시작했다.

다른 신들은 무슨 조치든 필요하다고 깨달았다. 그들은 아마테라스의 호기심과 과거 좋은 시절에 대한 향수를 자극하기 위해 그녀의 동굴바깥에 거대한 파티를 열기로 결정했다. 그들은 뭘 하고 있는지 그녀가 엿보지 않을 수 없을 것이라고 추측했고 그 추측은 맞았다. 파티는 천상의 무서운 여신 우즈메가 위로 치켜진 술통 위에 올라가 옷을 벗기 시작했을 때 절정에 올랐다. 그녀의 춤은 특히 참석한 남자 신들로부터 포효를 야기해서 아마테라스는 무슨 일이 일어나는지 확인해봐야만 했다. 그녀가 들여다 볼 때, 힘의 신이 그녀를 잡아 바깥으로 끌어냈다. 다른 신들은 입구를 봉해서 그녀가 다시 못 들어가도록 했다. 아마테라스는 처음에는 화가 났지만, 마음을 가라앉히고 모두를 용서해주었다. 스사노는 천상에서 추방되었다. 그는 땅 위에 내려와 많은 모험을 하고 영웅이 되기까지 하였다. 나중에 그는 지하의 군주가 되었다. 마침내 아마테라스도 그를 용서했다. 일본에 온 초기 기독교 선교사들이 스사노를 사탄과 동일시하려고 하거나 혹은 적어도 기독교에서 하늘에서 떨어진 오만 방자한 천사장인 루시퍼로 이해하려고 하였지만, 스사노는 결코 사악한 존재가 아니다. 그는 바람의 신으로 바람을 일으키고 때때로 파괴적일 뿐이다. 아마테라스 역시 완전히 잘못이 없는 것은 아니다. 모든 신도 신과 같이 아마테라스와 스사노는 너무나 인간적이어서 순수 선이나 순수 악을 대변할 수는 없다.

천지무용(1995)에 등장하는 아마테라스와 스사노의 이야기는 일본기, 고서기 양쪽에 모두 기록되어 있는 매우 유명한 일본 신화이다. 실제로 이 이야기에 대하여는 다양한 버전이 존재하는데, 8세기에 사본을 베껴 쓰는 사람들이 일본 전국에서 구전을 듣고 어느 것이 정확한 것인지 판결할 수 없었기 때문에 그들은 모든 버전을 다 기록했다. 아마테라스와 스사노는 어떤 형식적 결혼식을 치르지는 않았다. 실은 스사노는 후에 다른 이와 결혼하였다. 그러나 그와 아마테라스는 함께 여러 명의 아이들을 낳았는데 그 중에는 마침내 일본의 황가가 된 직계도 포함되었다. 슬프게도, 사랑의 순간은 드물었다. 대개는 싸웠다.

물론 이 말이 천지무용은 신도 신화를 단순히 반복시켰다는 말을 의미하는 것은 아니다. 만약 천지무용을 단순한 신화의 인용이라고 한다면, 이는 심각한 오해를 초래할 것이다. 아예카 공주는 우주로부터 남편이자 동생인 사람을 찾아온 것이지만, 그렇다고 아예카 공주가 아마테라스를 상징하지는 않는다. 그리고 그녀의 남동생도 스사노를 상징하는 것은 아니다. 반짝이는 눈을 보면 그가 맘만 먹으면 커다란 혼돈을 만들어 낼 수 있는 존재라는 것을 암시하지만, 그는 스사노처럼 광폭한 존재는 아닌 것이다. 그러나 아예카 공주의 남동생이 여덟 머리 용을 술에 취하게 하여 잠을 재운 후 머리를 잘라낸 대가로, 아예카 공주에게 사과의 선물로 '무라쿠모 노 추루기'라는 마법의 검을 얻는다는 대목은 스사노가 아마테라스를 화나게 하여 계곡에 칩거시켰다는 신도 신화와 조응한다.

천지무용(1992)은 분명하게 신도 설화를 응용하고 있는데,

이야기와 등장인물은 많이 변형되어 표현되고, 후반부 에피소드는 비非신도 요소가 많이 더해져 있다. 여름방학을 할아버지네 신사에서 보내는, '텐치'라는 청년은 몇 백년 전 '요쇼'라는 조상에 의해 가두어졌던 악령을 풀어주게 된다. 이 작품은 신도와 관련된 내용으로 가득 차있다. '아예카' 공주의 우주선과 여동생 '사사미'의 우주선은 밧줄(시메나와)과 하얀 종이 사슬이 매달린(니기테 혹은 누사) 신성한 나무인 거대한 우주선 나무에 의해 조종된다. 경고의 메시지를 보낸 신사 나무도 마찬가지로 요쇼의 배를 조종하는 나무인 것으로 나중에 밝혀진다. 그러나 그 나무는 뿌리를 가지고 있어서 더 이상 날 수가 없다.

천지무용에 등장하는 우주 나무를 인식케 해주는 밧줄은 아마테라스와 스사노의 전설과 관련되어 있다. 우선 밧줄은 태양여신이 돌아오지 못하도록 천상의 바위계곡 입구를 가로질러 매어졌다. 오늘날 밧줄은 물건과 장소를 정화하고 신성하게 하기 위해 사용된다. 그러한 밧줄로 나무를 졸라매는 것은 그것이 카미임을 인식하는 것이다. 밧줄로 매어진 나무는 일본 시골에서는 흔한 광경이다. 시메나와라는 밧줄은 신성한 장소를 표시하고 악을 접근하지 못하게 하는 경계로써 사용된다.

또한 **천지무용**은 검, 보석, 거울의 이미지로 가득 차있다. 이 작품에서 주인공 텐치가 시메나와로 매달린 성물에서 조상대대로 내려온 검劒을 제거함으로 그의 고생은 시작된다. 작가의 검, 보석, 거울에 대한 상상은 우연적인 것이 아니다. 이것들은 일본의 세 가지 신성한 보물이자 강력한 신도 신화와 일본선사시대를 상기시켜주는 물건들이다. 원래 신성한 검은 스사노가 8마리 용을 무찌르는 데 사용되었다고 전해진다. 보석은 태양의 여신인 아마테라스의 것이라고 전해지는 목걸이이다. 거울도 또한 아마테라스의 것이며 그녀의 이미지를 가지고 있다고 여겨졌다. 또한 이 설화의 몇몇 버전에 의하면, 거울은 그녀를 계곡에서 유혹하는 데 사용되어졌다고 한다. 일반적인 고고학적 해석은 이 세 가지 보물이 중국, 한국과의 문화 무역의 산물로 보거나, 또는 통치자가 가질 수 있는 권위의 상징으로 이해된다. 작가는 이런 요소를 가지고 끊임없이 시청자에게 이야기를 전달하는데, 일본 시청자에게는 쉬울 수도 있겠지만, 이런 신화와 친숙하지 않은 외국 시청자들에게는 쉽게 이해되기 어려운 설명일 것이다.

작가가 **천지무용**에서 신도 신화를 이렇게 표현하는 것은 많은 서양 SF 소설가들이 천사나 그리스 신이 외계에서 온 방문자였을 수 있다는 식의 표현을 함으로써 전통을 이용하

는 것과 유사하다. 그러나 이 작품의 작가는 신화적 관련성
을 포착하는 시청자의 능력을 확신하기 때문에 이런 공감대
를 바탕으로 아니메 속에서 더 많은 표현을 할 수 있는 자유
를 가지는 것이다. 더구나, 신도가 아직도 시행되고 그러므로
끊임없이 개조되고 있다는 사실은 작가에게 폭넓은 표현의
범위를 준다. 일본기日本記와 고서기古書記 사이에 적어도 10개
의 미묘하게 다른 버전이 있다는 사실도 그렇다.

또 다른 작품으로는 아니메의 인기에 힘입어 우리나라에서
도 만화가 출간된 타카하시 루미코의 **시끌별 녀석들**うる星やつ
ら(1981)에서는 일본 신화에 대한 책과 색인을 사용할 줄 아는
능력이 있는 사람이라면 누구나 찾아볼 수 있을 정도로 대부
분의 신도 관련 부분들이 상당히 직접적으로 표현되어 있다.

어떻게 다른 신들이 아마테라스를 그 계곡 바깥으로 다시
끌어낼 수 있었는가하는 데 대한 이야기로 타카하시 루미코
의 또다른 작품인 **메종일각**めぞん一刻(1986)이 있다. 우리나라
에서는 '도레미 하우스'(서울문화사)라는 제목으로 출간된 이
작품은, 하숙집을 배경으로 벌어지는 달콤쌉싸름한 사랑 이
야기이다. 초반 에피소드에서 유사쿠라는 이름의 젊은 학생
이 대입시험을 위해 처절하게 공부하려고 하는 상황이 설정
된다. 다른 하숙생들은 아름다운 새 여주인의 도착을 축하하

는 파티에 그를 참여시키려 한다. 유사쿠는 책을 가지고 옷
장 속에 들어가 그들을 피한다. 친구들은 여주인 류오코가
스트립쇼를 하는 것으로 가장하여 그를 유혹한다. 이미 류
오코에 완전히 빠진 그는 엿보게 될 수밖에 없었다. 그러자
마자, 다른 사람들이 그를 끌어냈다. 그는 더 이상 공부를 할
수 없었다. 게다가 여주인 류오코는 그가 원하던 그런 야한
사람이 아니었다.

28. '불새'와 히미코 여왕

1950년대에 데쯔카 오사무는 부활의 고전적 무용담이자
영원히 계속되는 시간의 불멸성에 대한 추적의 이야기인 '불
새'에서 그는 고고학적이고 역사적인 자료를 가지고 신도 신
화가 역사상 실존했던 것처럼 줄거리를 창작하였다. 아니메화
된 불새(1986)에서 아마테라스는 '히미코 여왕'이라는 실존했
던 인물로 그려진다. 히미코卑弥呼(생년 미상−248년경) 여왕은,
일본의 야요이弥生시대 후기 야마토국倭國 여왕倭王으로서 야
마타이국邪馬台國을 다스렸다고 전하는 인물이다. 히미코 여왕
에 대하여는 다양한 설이 존재하는데, 그녀가 실제 누구냐에

히미코 여왕

따라 일본 고대사는 큰 폭으로 바뀔 수 있기 때문에 그녀에
대한 연구는 일본 역사에서 에도시대 무렵부터 논의되고 있
는 중요한 주제이기도 하다.

아마테라스가 히미코라는 설 역시 중요한 하나의 역사적
가설인데, 이는 중국의 사서에 남을 정도의 인물이면 일본에
서도 특별한 존재로서 기억에 남아 있는 인물일 것이고, 일본
의 사서에서 이에 필적할만한 인물은 아마테라스 오오미카미
밖에 없다는 것이다. 아마테라스의 별명이 「오오히루메노무
치大日靈貴」였다고 하는데, 이「히루메」의 「루」는 일본어 조사
의 「~의ノ」의 고어로서, 「태양의 여자」가 된다. 의미는 '태양
을 시중드는 무녀', 히미코陽巫女와도 부합되는 해석이다.

특히 그녀의 이름은 왜국대란이라는 일본 야요이시대 후
기, 2세기의 말엽에 일본열도에서 일어났던 전쟁에서 그 이름
을 남겼는데, 중국의 여러 사서에 히미코의 기록과 함께 연결
시켜 기록되어 있다. 이 전쟁은 일본 열도 전체의 규모였다고
전하는 기록에서, 일본 역사상 최초의 대규모 내전이라고 보
는 의견도 있다. 왜국에는 대대로 남자가 세습하여 왕이 되
었지만, 야마타이국의 히미코를 왜국왕으로 옹립하는 것으로
쟁란은 수습되었다고 전해진다.

그녀는 신이 그녀의 목소리와 함께 이야기하는 동안 황홀

경에 빠져드는 영매였고 사제였다. 그녀가 죽었을 때 남자가 그녀의 왕위를 이으려고 하였다. 그러나 백성들은 그를 인정 하려 하지 않았고 반항하였다. 마침내 13살 먹은 히미코의 조 카딸 이요가 왕위를 이었고 질서가 회복되었다. 히미코의 이 야기는 다른 사제 여왕과 여황의 경우와 마찬가지로 초기 일 본이 모권母權사회였는지에 대해 일본학자 사이에 논쟁을 불 러일으켰다.

불새는 신화적인 견해와 중국의 고대기록의 중간 견해를 표 현한다. 이 작품에서 선사시대 일본은 많은 다른 부족으로 구성되어 있다. 히미코 여왕 같은 경우의 몇몇 종족은 모권 사회이고 다른 종족은 가부장제였다. 그렇지만 이 작품에서 히미코의 통치에 관한 묘사는 여성 운동가들을 즐겁게 할 것 같지는 않다. 데쯔카 오사무는 히미코(아마테라스)를 미신에 의존함으로써 백성을 조정하는 허풍쟁이로 묘사하고 있다. 여기서도 스사노라고 불리워지는 남자 형제는 그녀의 조언자 로 등장한다. 처음부터 스사노는 그녀의 권력에 반대하고, 그 녀의 판단에 비판적이고, 그를 결혼시키지 않으려는 결정에 좌절한다. 데쯔카는 그들이 남매로서 성적으로 관련이 있을 것이라는 가능성에 대하여 암시를 준다. 오리지널 신화, 다른 신도 신화, 이 시기에 대한 몇몇 고고학적, 민족학적, 역사적 분석은 남매간 혼인에 대한 몇몇의 형식을 제시한다. 이는 초기 일본이 모권 사회냐 아니냐 하는 질문과 관계없이 모든 면에서 의견뿐 아니라 정서적으로도 뜨겁게 진행되어온 논쟁거리이다. 그럼에도 불구하고 스사노의 마지막 폭발을 재촉한 것은 히미코가 잘생긴 궁수와 바람을 피운 것에 대한 질투 때문이었다. 심장이 멈출 정도로 분노하여, 그는 술로 슬픔을 잠재우려 한다. 실은 그는 궁정 침실에다가 죽은 암소를 뒤집어엎을 때 죽을 정도로 술에 취해 있었다. 여왕 히미코의 반응은 설화 속의 아마테라스만큼 적절하지 못했다. 은퇴하기는커녕, 그녀는 이글이글 타오르는 눈으로 분노에 싸인 스사노를 보았다. 그러자 곧 일식이 일어난다. 이를 천벌로 해석한 히미코는 공포에 질려 숨은 계곡으로 달아난다. 하지만 일식이 끝났을 때 그녀는 나타나 태양이 돌아온 것은 자기 공이라고 주장했다고 한다.

29. '이웃의 토토로'와 애니미즘

일본에는 결코 어느 한두 사람의 뛰어난 감독만이 업계를 리드하는 것은 아니지만, 그 많은 감독들 가운데 전 세계적인 존경을 받는 감독을 꼽으라고 한다면 미야자키 하야오를 꼽을 수 있다. 일부 팬들과 저널리스트들은 미야자키를 '일본의 월트 디즈니'라고 부르는데, 이 말은 그의 작품에 대하여 이해를 쉽게 만들어주지만, '아니메 계의 구로자와 아키라 감독'이라는 비유가 그를 설명하는 데 더 적절하다고 생각한다.

미야자키 하야오는 신화적 시각과 인간의 감수성을 절묘하게 배합하였던, 위대한 영화감독이었을 뿐만 아니라, 기존의 틀을 깨고 서구 사회가 어린이용으로 한정짓고자 했던 아니메에서 새로운 작품을 만들어낸 위대한 예술가였다. 그는 이웃의 토토로와 마녀배달부 키키가 1990년대 중반 대중적으로 알려지기 시작하면서, 일반 영화 시청자들에게까지 관심이 넓어지기 시작하였고, 2003년 센과 치히로의 행방불명이 아카데미 영화상 장편 아니메 부문을 수상하면서, 이제 그는 누구와도 비교할 수 없는 최고의 아니메 감독이라는 사실을 인정받게 되었다. 그는 이제 최고의 아니메 아티스트로 인식될 뿐, 일본사람이라는 점은 우리에게 중요치 않게 된 것이다.

미야자키 하야오의 작품 세계를 관통하는 철학은 생태주의
다. 바람계곡의 나우시카(1984)에서 출발한 그의 환경주의 철
학은 이웃의 토토로(1988)에서 유토피아적인 이상주의를 보여
주면서 좀 더 성숙되었지만, 그 후 그의 또 다른 대표작이 된
원령공주(1997)에서 자연을 화나게 만든 인간과 자연의 대결
이라는 주제로 이어지는 그의 작품 세계에서 빼놓을 수 없는
성과물이기도 하다. 그가 대학시절 아동문학클럽을 통해 수
많은 서구 판타지 명작의 영향을 받아왔던 것은 분명한 사실
이다. 하지만 그 역시 일본인이기 때문에, 생태주의 역시 일본
의 전통과 문화적 배경을 가지고 신도에 근거한 작품 세계를
보이고 있다.

신도의 시각에서 미야자키 하야오 감독을 바라본다면, 그
의 작품 세계 이면에 애니미즘animism을 발견할 수 있다. 애니
미즘이란 모든 자연 만물에 영혼이 깃들어 있다는 주의로 일
본인들은 그들의 고대종교인 신도神道와 애니미즘과의 친화성
으로 말미암아 현대 문명 사회에서 어느 다른 민족보다 애니
미즘을 잘 보존하고 있다고 할 수 있다. 일본인은 옛날부터
다양한 대상에 깃든 신령님의 존재를 느껴왔다. 농경민족이었
던 일본인은 옛날부터 태양의 신, 바다의 신, 물의 신, 논의 신
이 있다고 믿었고, 집안에도 부뚜막의 신, 변소의 신, 토코노

마床の間*의 신, 가축에는 개나 고양이, 쥐, 여우나 뱀 등 주변의 모든 것들에 신령이 깃들어 있다고 생각해 왔다.

물론 우리나라도 이런 애니미즘이 무속신앙의 중요한 요소로 존재해왔다. 우리나라 무속신앙에서 불려지는 비나리라는 노래에서도 정말 다양한 만물신이 나오므로 한번 가사를 음미해볼 기회를 가져보기 바란다. 우리 문화도 자연에 대한 경외심이 깔려있어서, 박경리나 김지하의 생명사상을 언급하지 않더라도, 자연에 대한 경외심이 문화 곳곳에 박혀있지만, 우리 사회는 일제시대와 개발독재과정에서 전통문화가 많이 단절되었기 때문에, 외세의 침입을 크게 받은 적이 없는 일본 쪽이 아무래도 훨씬 더 전통 신앙이 잘 보전되었다는 점은 우리 한일간의 역사의 아이러니가 아닐 수 없다.

심지어 유일한 외세의 침입이라고 할 수 있는 2차 대전 패전 후에도 일본을 점령한 미군은 일본 천황제를 그대로 유지함으로써, 본질적으로 일본의 전통이 유지됨으로써, 운이 좋은 나라라는 인상을 준다. 더욱이 일본은 전국적으로 국토가 잘 보존되고 원시림이 풍부하여 일본인들은 누구나 쉽게 자연에 대한 경외심을 쉽게 가질 수가 있다고 할 수 있다. 다만

* 토코노마는 일본 주택의 다다미 방에서 볼 수 있는 좌식 장식의 하나. 응접실의 한쪽 구석에 족자나 꽃꽂이 꽃을 장식하는 장소이다.

이런 애니미즘이란 주제는 직접적으로 어린이를 대상으로 한 아니메 작품에서는 찾아보기 힘들지만, 폭넓은 계층을 대상으로 한 TV시리즈나, 극장용 아니메만을 제작하는 미야자키 하야오의 작품 속에서는 반복적으로 나타나는 주제이다.

미야자키 하야오의 작품 중, 애니미즘을 처음 깊이 있게 다뤘던 이웃의 토토로(1988)는 우리나라에서도 폭넓은 사랑을 받아왔던 작품이다. 이웃의 토토로는 영화 역사상 가장 많은 호평을 받은 작품 가운데 하나이다. 이 작품은 일본의 명감독 구로자와 아키라가 꼽은 최고의 영화 100편 안에 포함된다. 구로자와 감독은 이 작품에 아주 큰 감동을 받았으며, 특히 고양이 버스를 좋아했다고 한다.

자연의 신비로운 면과 그 전설을 부각시키는 것은 이 영화의 또 다른 매력 포인트로, 바로 일상적인 자연의 묘사와도 관련 있는 것이다. 이것은 일련의 이미지들을 통해서 보여지고 있는데, 초자연적인 존재를 자연의 일부로 받아들임으로써 우리는 아이의 눈으로 이 모든 것을 보게 된다. 나이 어린 주인공의 시각으로 세상을 바라보는 것은 바로 토토로의 세계로 들어가는 첫 단계이다. 이웃의 토토로에서 보여준 완성도 있는 작업은 자연 속의 삶 그 자체이다. 이 작품에서는 자연에 대한 경외심을 보여주는 정서가 반영되어 자연을 잃어버린 우리나라의 젊은이들에게 많은 감명을 주었고, 그 속에서 우리는 일본인의 자연에 대한 경외심과 모든 자연 속에 영혼이 깃들어 있다는 애니미즘을 들여다 볼 수 있다.

미야자키 감독은 자연을 배경으로 하는 따뜻한 작품을 만들고 싶어 했다. 당시 많은 아니메가 직접적으로 어린이와 어른이 맞서게 하는 분위기에서 벗어나서 자연 속에서 어린이들의 마음속에 다툼과 투쟁을 심어주지 않은 그런 영화를 만들기를 원했다. 그러나 막상 이야기를 종이에 적으려고 하면 그의 머리는 텅 비는 것 같았다고 한다. 이 작품을 기획하면서, 동료가 모아둔 '마이니치신문' 부록 '40년 전의 일본'이라는 글을 우연히 읽었을 때도 그러했다. 그는 그 글을 읽고는 텔레비전도 없고, 도쿄가 확대되면서 시골이 상당 부분 훼손되기 전인 1950년대 말, 시골에서의 아동 시절이 갖는 전원적인 순수함을 표현해보기로 굳게 마음먹는다.

이 시대는 미야자키 자신이 성장해 온 시대이기도 하다. 전쟁 중에 태어난 그는 1950년대 중반에 십대가 되었으며, 도쿄 근처에서 살게 되었다. 그래서 그는 그가 그려낸 시골 풍경과 같은 장면을 선명하게 기억할 수 있었다. 그리고 어머니가 척수 결핵으로 어린 시절 항상 병원에 몸져누워 있었기 때문에 자신의 삶과 영화 사이엔 보다 개인적인 연관성이 있다고 할 수 있다. 이 작품에 등장하는 어머니의 병환이 어떤 의미를 가지고 있는지 직접적으로 알 수는 없지만 어머니가 요양하는 하치코 쿠야마 병원은 그 당시 결핵치료로 유명했던 실재했던 병원이다.

영화의 배경은 또한 어른이 된 미야자키의 삶을 반영하기도 한다. 그는 사이타마 현에 있는 토코로자와 시에 살고 있는데, 이 곳이 이 작품의 배경이 되고 있다. 이 곳은 현재 도쿄 지역 통근자가 거주하는 교외 지역이지만, 영화의 이야기가 쓰여질 무렵에는 구릉 지대에 위치한 농촌 마을이었다. 이 지역의 일부에는 현재도 숲의 잔재가 남아 있고, 미야자키는 이 숲을 보존하자는 운동을 펼치는 단체에 꾸준히 지원을 해오고 있다. 이 단체는 '토토로의 숲'이라 불리는 산림 지역을 사기 위해 모금행사를 하고 있으며, 미야자키는 이 숲의 보존을 위해 상당한 양의 자금을 대는 것은 물론 기금 모금으로 쓰도록 그림 몇 점을 기증하기도 했다. 이 숲을 방문했던 방문자들 중에는 실제 토토로를 만날 수 없어 유감이지만, 자연의 아름다움에 감사할 수 있는 소중한 기회가 되었다고 말하는 사람들도 있다.

숲과 인간 간의 균형은 오래가지 않아 사라지고 말 것이다. 우리들은 대도시 주변의 작은 마을과 조용한 길이 개발의 미명 아래 흔적도 없이 사라질 것이라는 사실을 알고 있다. 그러나 아이들은 실제로 어떤 일이 벌어지든지 간에, 영화 속에서 자연이 그대로 보존되고 아름답게 만들어져 여름으로 가는 문을 여는 열쇠를 그들 손에 쥐어준다는 사실에 마냥 즐거운 것이다.

토토로는 영화 속에 등장하는 모든 정체불명의 생명체를 가리키는 이름으로 감독 미야자키 하야오에게 토토로의 이미지는 그가 어렸을 적 숲 속에 사는 어떤 무서운 존재를 상상했던 기억에서 영감을 얻은 것이었다는 것이다. 토토로는 거대한 녹나무 안에 살고 있는 숲의 신령이다. **이웃의 토토로**에서 신성한 나무가 일본인에게 종교적인 삶의 부분으로 이해되는 것을 보여준다. 이것은 여러 나라 사람들이 나름대로 받아들일 수 있는 민담의 요소들을 지니고 있지만, 전적으로 미야자키 자신의 창조물이다.

미야자키 하야오는 토토로와 고양이 버스에 대해서 토토로를 일본 종교에서 익숙하게 등장하는, 일종의 '자연의 신령'이라고 설명했다. 일본 전설에 의하면 고양이는 자유자재로 형체를 바꿀 수 있다고 하는데 이러한 성질은 토토로들과 그들의 친구인 '고양이 버스'에서 찾아볼 수 있다.

이웃의 토토로는 인간과 자연은 서로 좋은 이웃이 되기 위해 노력해야 하고, 그렇지 않으면 인간과 자연과의 관계는 무너질 것이라는 메시지를 담고 있다는 점에서 바로 애니미즘의 전통을 현대적으로 계승하고 있다고 해석된다. 마치 미야자키 하야오는 아름다운 자연을 돌아보라고 말하는 것 같다. 이 아름다운 자연은 아주 오래 전부터 우리의 것은 아니었다. 자연은 아름다운 것이지만, 우리는 그것을 당연시 여겨선 안 되고 관심과 애정을 가져야 한다고 말한다. 그의 바람대로 인류가 자연이 인간의 맘대로 쓰여지는 것이 아니라 사랑 안에서 자연과 인간이 서로의 공간을 갖고 존중해 줄 수 있는 방법을 찾는다면, 자연과 인간은 서로 공존할 수 있을 것이라는 희망을 간직하고 싶다.

또 다른 그의 작품인 **원령공주**もののけ姫(1997)는 일본이 중세시대에서 근대 시기로 넘어가던 과도기였던 1392년부터 1573년까지의 무로마치시대를 배경으로 자연을 통제하고자 원시림의 거대한 토지를 개간하고 철을 생산했던 일본의 역사를 그렸다. 이 시기에 일본인들이 예전과 같이 애니미즘으로 자연을 경배하는 대신 자연을 통제하려는 생각을 하기 시작한 시기였다. 당시 일본인들은 원시림의 거대한 토지를 개간하고 전보다 많은 곳에서 철을 생산하게 되었다. 바로 이 때부터 그들은 인간과 주변 환경과의 관계를 새롭게 정의하게 된다.

원령공주에서는 작품 초반부에 무시무시한 멧돼지신이 자연을 침범하는 인간들 앞에 출현하여 보다 강하고 직접적으로 자연을 무시하는 인간들에게 경고한다. "어리석은 인간들아, 너희는 자연의 증오와 한을 알아야 한다"라고 외친다. 이 영화에는 수많은 신이 등장한다. 멧돼지신, 들개신, 사슴신, 그 외에도 수많은 정령들이 등장하는데 이는 일본인의 애니미즘 시각을 짐작케 하는 장면이다. 그리고 이런 철학은 단지 미야자키 하야오라는 뛰어난 예술가 개인이 이룩한 결과물이라기보다는 일본의 애니미즘 문화의 산물이라고 생각된다.

30. '흡혈희 미유'와 신마神魔

일반적으로 선善의 반대개념이 악惡이다. 예를 들어 서구의 흡혈귀 설화인 드라큘라는 그다지 그 배경에 대하여 자세히 알려주지 않는다. 다만 그가 투르크인과의 전쟁에서 고문을 통해 잔인하게 변했다고 말하고 있다.

반면 신도의 설화는 서구와 달리 선과 악이 복잡하게 공존한다. 그래서 신도 설화를 바탕으로 한 아니메에서는 악령의 후손이 오히려 인간을 도와주는 경우가 허다하다. 실존한 것으로 알려진 드라큘라 백작 이야기는 뿌리를 거슬러 올라갔을 때 멀리 아시아에서 실크로드를 통해 유럽으로 건너간 뱀파이어 설화와 만나게 된다. 뱀파이어 이야기는 슬라브 영토와 중부 유럽 지역까지 퍼져나감으로써, 슬라브인들은 세계에서 가장 풍부한 뱀파이어 이야기를 가지게 된다. 그들은 기독교화되었지만, 다른 뱀파이어 신화를 가지고 있던 북부 인디아의 집시들이 유럽으로 이주하면서 이미 이 지역에 퍼져있던 이야기들과 뒤섞여 다양하게 변화되었다. 이곳에서의 뱀파이어는 죽은 이들의 유령이었다고 여겨졌는데, 그들은 다른 인간의 피를 빨아 먹고 다른 인간을 뱀파이어로 감염시키는 것으로 이야기되었다.

반면 아니메에서는 서양의 Ogre에 해당되는 개념인 인간을 잡아먹는 도깨비인 오니와 같은 이야기뿐만 아니라, 그 오니가 오히려 인간의 편에서 오니와 싸운다는 일본 전통 설화 덕분에 훨씬 더 다양한 상상의 나래를 보여줄 수 있게 되었다. 예를 들면 **귀절환**(1994)에서 주인공은 인간과 도깨비(오니)의 혼혈로서 그는 다른 오니들과 싸우면서 인간을 돕는다. **흡혈희 미유**(1988)에서도 신도의 선과 악의 개념이 잘 나타난다. 드라마 속의 배역을 좋은 편과 나쁜 편으로 가르는 시각에서 보면, 고대의 신이 악령이 되어 결국 미유와 대결하게 되는 이 작품은 단순한 구도의 이야기로 예상되겠지만, 미유는 신마가 인간을 위협하려고 출현할 때마다 그들을 암흑으로 몰아붙이면서 신마와 전투를 벌이지만, 그녀는 언제든 바뀔지 모르는 알 수 없는 이유 때문에 그 일을 하는 것이다. **흡혈희 미유**에서는 신마神魔뿐 아니라 미유까지 모두 잡으려고 하는 성실한 젊은 영매인 히미코 세Himiko Se가 등장한다. 히미코란 이름이 일본 고대 여왕과 같은 것은 우연이 아니다. 그 이름은 현대 일본에서 흔한 이름이 아니므로 이 이름이 히미코 세라는 이름의 등장인물 역시 초자연인 존재일지 모른다는 암시를 주는 것이다.

일본의 전통설화에 뿌리를 둔 신마 이야기는 현대의 많은 사람들도 공감할 수 있는 치명적인 재미를 가지고 있다. **흡혈희 미유**에서 미유는 귀여운 소녀이지만, 뱀파이어다. 그녀에게 물리면 피해자의 목숨이 위협받지는 않지만 뱀파이어 전통에 따라, 피해자 역시 신마가 되는 영원한 고통을 시작하게 된다. 이런 점에서 아니메는 현대 할리우드 영화의 뱀파이어물의 발전에 지대한 공헌을 한다. 이런 설정은 최근 할리우드 영화에 많은 모티브를 주고 있다. 인기 액션 배우 웨슬리 스나입스 주연의 〈블레이드〉 시리즈 역시 뱀파이어의 피를 물려받은 주인공이 다른 뱀파이어와 싸우며 인간을 도와준다는 점에서 일본 오니 설화에 많은 영향을 받은 것이다. 우리나라에서도 일본 만화를 원작으로 세계적인 흥행작을 만든 〈올드보이〉(2003)의 박찬욱 감독이 〈박쥐〉(2009)라는 뱀파이어 영화를 만든 바있다. 이 영화에서도 강직한 성품의 신부가 뱀파이어로 변신하게 됨에 따라 욕망과 성직자 사이에서 갈등하는 극적 장면들을 이끌어 냄으로써, 박찬욱 감독은 일본 만화와 아니메의 문화적 성과를 자양분화 함으로써 한국영화 발전에 상상력을 배가시킨 감독이라는 평가를 받게 될 것으로 기대된다.

31. '귀절환'과 오니

흔히 우리나라 도깨비와 구분하여 일본의 도깨비를 '오니'라고 부른다. 오니는 일본의 민담에서 자주 등장하는데 그들은 민담 속에서 기이하게 색칠된 머리카락과 뿔을 가진 무서우면서도 종종 거대한 생명체이다. 그들은 초자연적으로 강하고 날 수 있고 종종 호랑이가죽으로 허리에 걸치는 간단한 옷을 입는다. 그들은 인간을 먹기 때문에 불행스러운 거대한 식욕을 가진다. 그들은 또한 인간을 성적으로 원하고 종종 의지에 반해 끌고 간다. 그런 유괴는 항상 남성 오니가 여성 피해자에게 행하는 일이지만, 여성 오니가 잘생긴 젊은 남자를 유괴한 경우도 있다.

　일본의 오니를 서양의 악령으로 해석해야 할지, 사람을 잡아먹는 거대한 괴물로 번역되어야 할지는 애매하지만, 일본의 민담은 다양해서, 상황에 따라 다양한 도깨비(오니)가 나타나는 것이 가능하다.

　귀절환(1994)은 신도 민담의 가장 무서운 이야기인 반인伴人 반伴 오니인 젊은이인 카타코 혹은 코주나의 이야기에서 끌어져 왔다. 그는 인간의 친절함과 오니의 힘을 가졌다. 그는 다른 오니를 죽이고 인간을 다른 오니로부터 보호하는 데 힘을 사용하였다. 그러나 나이가 먹으면서 오니적인 기질은 확실해졌고, 식인충동이 발달되었다. 이 설화의 다른 버전에서는 그는 단지 인간의 세상에 더 이상 존재할 수 없으며 오니의 영토로 돌아간다는 사실을 인식한다. 어떤 버전에서는 그는 커지는 식욕을 만족시키기 전에 죽여줄 것을 간청하거나 혹은 초가집에 스스로를 가두고 불에 타서 자살을 감행한다. 모든 버전에서 그는 착하게 살려는 시도를 함에도 불구하고 어떤 보상도 받지 못하는 것으로 기록된다.*

귀절환
ⓒKey Kusunoki/
Shogakan/KSS/TBS

* Levi, Antonia, Samurai from Outer Space, Open Court, 2001

쿠노수케 케이의 원작 만화에서 이 괴물은 이름을 가지지 않는다. 그의 엄마 역시 괴물(오니)이고, 그는 젊은 남자의 형태를 가졌음에도 불구하고, 그도 역시 괴물이다. 뿔 대신 그는 다른 괴물의 살과 뼈를 자를 정도로 강한 검을 가지고 태어났다. 그는 세상에 있는 괴물을 죽이는 데 그 검을 사용하면, 그가 이름을 받고 인간이 될 것이라고 믿는다. 마지막에 그는 자신의 출생과 언젠가 자신도 파괴될 것이라는 점을 인식한 데서 오는 듯한 친절함으로 다른 괴물로부터 사람들을 구해주며 전국을 여행한다.

귀절환에서 작가는 괴물의 기원起源에 관한 자신의 이론을 소개한다. 작가는 신도 신화가 괴물의 기원에 대해 양면적인 입장을 취하기 때문에 자유로이 상상할 수 있다. 어떤 신화에서는, 오니는 지옥에서 끊임없이 영혼을 고통주기 위해 창조되었고 불교의 전파 이후 일본에 나타난 개념이라고 한다. 다른 신화는 오니가 출산(피 때문에 신도의 관점에서 주요한 오염의 원인으로 생각되는) 이후의 정화의식이 적절히 이루어지지 않은 채 창조되었다고 제시한다. 귀절환에서 대개의 괴물은 불결함과 시체에 대한 신도의 관념과 조응하는 주제인 시체에서 태어난다. 작가는 이 주제에 대하여 '요마 ; 죽지 않은 자의 저주'에서, 전국시대에 피로 물든 전쟁터의 대지에서 탄생한 악이 분리시킨 우주를 가정할 때 더 적극적으로 표현하였다. 그러나 괴물이 세상에 나오는 이유에는 대부분이 여성과 관련된 이슈가 있다. 어떤 괴물은 괴물에 의해 강간당한 여성으로부터 태어났고, 어떤 것들은 불행에 대해 끊임없이 고통을 받는 인기 없고 매력 없는 여성들의 외로움으로부터 태어났다. 어떤 것들은 여자 괴물의 사랑하는 아이들이었다. 어떤 것들은 진실이 밝혀지지도 보상 받지도 못한 강간 피해자들의 분노에 의해 불려졌다. 그리고 스스로 괴물이 된 많은 좌절된, 분노한 여성들이 있다.

많은 아니메처럼, **귀절환**은 때때로 관점을 바꿔 시청자가 상황을, 피해자 혹은 추적자의 시각은 물론 괴물 자신의 시각으로 보도록 했다. 한 에피소드를 예로, 아이를 잡아먹는 오니는 자신의 아이가 다른 오니에게 수백 년 전 게걸스레 잡아먹힌 후 미친 귀족여성의 영혼인 것으로 밝혀진다. 그녀가 오니로 변신된 것은 사악했기 때문이 아니라 슬픔의 결과이다. 도덕과 무관하게 세계를 바라보는 신도의 관점과 연결된 그러한 관점의 변화가 사악하고 사람을 잡아먹은 괴물이라고 하더라도 어느 편이 좋다 나쁘다라고 구분하는 것을 어렵게 만든다.

32. '데빌 맨'과 종교적 불가지론

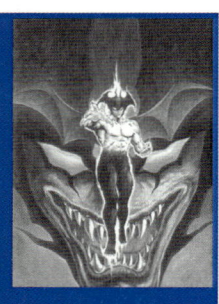

데빌 맨 ⓒDynamic
Planning/Toei
Animation

　신도나 작품 속에서 신을 악령으로부터 구분하는 것은 종종 쉽지 않다. 한 가지 이유는 신이 종종 완벽함과는 거리가 멀기 때문이다. 다른 이유는 악령이 종종 순수한 악으로부터 거리가 있기 때문이다. 몇몇은 심지어 시청자의 입장에서 공감을 불러일으키기도 한다. 그것은 신과 악령 사이에 아무런 실질적 차이가 없다는 점을 공개적으로 인정하는 데빌 맨(1972) 같은 작품에서 명확하다.

　데빌 맨(1972)은 중심적 캐릭터는 모두 선과 악의 기운을 함께 가지도록 하였다. 주인공은 '아키라'라는 이름의 남자로 매우 부드럽고, 사랑스럽고, 덕 있는 청년인 것으로 이 작품은 시작한다. 사람들이 악령의 침공으로부터 위협을 받고 있다는 것을 깨달으면서, 그는 필사적으로 육체적, 감정적으로 악령과 합쳐서 데빌 맨이 된다. 이렇게 될 수 있는 데에는 그가 원래 매우 좋은 인간성의 소유자이므로 악의 힘을 악과 싸우는 데 사용하면서 절반의 악을 통제하고 조절할 수 있다는 것이다. 그리고 그는 점차 자신을 조절하지 못하고 여자친구를 향해 무례하고 거만하고 난폭하게 굴면서 점점 악해져 감에도 불구하고 인간을 돕기 위한 선의의 목적을 가지고 최선을 다해 노력한다.

데빌 맨은 원래 단테의 인페르노에 대한 일정한 관련이 있는 유대—기독교 전통을 배경으로 하고 있지만, 동시에 이 작품은 **마징가Z**의 원작자로 잘 알려진 만화가 '나가이 고'의 독창적인 상상력의 결과이다. 악과 싸우기 위해 악과 합친다는 전체적 아이디어는 기독교 사상에는 낯선 것이지만, 신도에게는 그렇지 않다. 물론 **천공전사 젠키**(1995)에서처럼 포로가 된 악령을 오히려 보호자로 사용하는 방식이 더 전통적이지만 말이다. 더구나 지옥에 대한 작가의 생각은 신도 신화로부터도, 기독교, 불교 혹은 도교이론에서 온 것도 아니다. 그것은 서로의 힘을 차지하기 위해 서로를 게걸스럽게 먹음으로써 존재들이 진화되었던 원시적 장소로 본다는 점에서 다윈이즘 Darwinism의 무서운 전환이다.[*]

데빌 맨에서 악령은 일본적 전통이 그렇듯이 아주 악한 것만은 아니다. 심지어 가장 나쁜 놈들조차 숨겨진 다른 면을 가지고 있다. 예를 들면, **데빌 맨**을 갈고리 발톱으로 거의 갈기갈기 찢어 놓을 뻔한 새bird 여자 '시레누'는 자신을 희생하려고 하는 남자친구 악령을 가지고 있다는 것이 드러난다. 그녀는 처음에는 그를 말린다. 그녀는 단순히 사랑 받는 것이

[*] Levi, Antonia, Samurai from Outer Space, Open Court, 2001

아니라, 사랑을 주기도 하는 존재이다. 그녀의 연인은 그의 삶이 그녀 없이는 아무 의미가 없다고 주장한다. 그녀는 그의 제안을 받아들이게 되고, 괴물 같고 사악함에는 틀림없지만, 진정한 연인들처럼 함께 죽는 것으로 결말짓는다.

금단의 묵시록 크리스털 트라이앵글(1987)은 **데빌 맨**의 경우와 비슷하게 인간, 신, 악령이라는 세 방식의 경쟁에서 어느 쪽을 선택해야 할 것인가에 대하여 주저하게 된다. 이 '인디아나 존스'식의 SF 영화에서 일본인 고고학자는 결국 일본 고대 여왕인 히미코의 보살핌 안에 남겨졌던 인간에 대한 마지막 희망의 메시지를 찾는다. 그는 히미코에 대하여 누구보다도 더 많은 것을 알고 있는, 전통복장을 한 젊은 여성인 '미야베'의 도움을 받는다. 시청자는 주인공보다 먼저 미야베가 신비한 배경으로 그녀가 바로 히미코 여왕을 암시한다는 점을 발견하게 될 것이다.

33. '제도물어'와 미코

일찍이 일본을 다스린 최초의 왕은 히미코라는 이름의 여왕이었고, 건국설화 역시 우리와는 달리 천조대신이라는 이름의 여신이 주도적 역할을 하는 것으로 되어 있어 고대로부터 여성 우월적 문화를 간직하고 있다. 그런 점에서 현대 일본 사회의 보수적 여성관과는 달리, 아니메 속에서만큼은 여성들이 마음껏 주인공이 되어 상상의 나래를 펼칠 수 있다. 어쩌면 현실 속에서는 불가능한 것을 상상 속에서는 더욱 거침없이 보여줄 수 있는지 모른다. 그런 점에서 과거 신화시대에 큰 영향력을 발휘했던 무녀巫女나 신관神官을 지칭하는 '미코'라는 여성 승려나 여성 초능력자가 아니메에서 다양한 형태로 활약하는 것도 당연해 보인다. 특히 초능력물 혹은 공포물에서 미코는 더욱 자주 등장하는데, 이런 역할 역시 일본의 신도 전통과 역사에 깊은 관계를 갖는다.

원래 '미코'라는 일본어는 존귀한 신분의 사람을 가리키는 대명사로 쓰였던 '미코御', 즉 임금을 가리키던 말로 이해되었지만, 존귀한 사람을 뜻하기 훨씬 전부터 '미코'를 표기하는 한자로 어御가 선택된 것 자체가 일본어에 남은 제정일치 사회의 흔적으로 여겨지고 있다.

일본의 초대 통치자로 알려진 히미코 여왕 역시 신에게 이야기하고 신의 이름으로 다스린 신비한 무당이었다. '히미코'라는 이름은 '히+미코'로 이뤄진 형태다. '히'는 뜻으로는 태양日이나 불火을 가리키지만 소리로는 '비妃'나 '희姬'를 뜻한다.

히미코는 '수석 여무女巫'란 뜻으로 쓰였을 수 있다. 천신숭배 신앙체계의 무당을 가리키는 '태양신 무녀日巫'로 해석해도 별 문제가 없다. 히미코가 종교지도자로서 강력한 통합력을 가졌다는 점에는 변함이 없다.

히미코 여왕은 한반도에서 건너간 세력으로 추정되는데, 당시는 일본이 청동기 후기에서 철기시대로 넘어갈 당시로서 압도적 군사력을 보일 수 있었던 세력집단이 한반도 남부의 앞선 철기문화를 가진 이주민 집단일 것이기 때문이다. 히미코 여왕이 처음이지만, 유일한 것은 아니다.

후에 3세기, 7세기에 각각 다스린 진구와 지토 같은 여제들 역시 무당이었다. 그들이 히미코 여왕처럼 혼자 통치한 것은 아니지만, 그들이 남성통치자에 보조적인 역할을 가진 것은 아니었다. 그들은 공동의 통치자로서 종교적 국가부분의 권력자였다. 남편들이 죽었을 때, 그들은 여제가 되었고 종교적, 정치적 지배자가 되었다. 진구 여제의 예언을 무시하고 전쟁에 나간 남편이 죽자, 진구는 마법을 이용하여 남성의 옷을 입고 수년 동안 임신을 연기하며 전쟁을 승리로 이끌었다. 지토는 전쟁을 좋아하지는 않았지만, 봉건 부족국가시대의 일본을 통합하여 제국으로 발전시키는 최고의 외교적 능력을 보여주었다.

여제의 시대는 공식적으로 8세기에 끝나지만, 예외적인 상황에서는 여제의 역할이 나타나곤 했다. 그러나 무당으로서의 전통은 미코라고 불리는 신도 여승려의 형태로 이어져서, 미코는 그리스의 신탁을 수행하는 무녀와 같이 신관으로서 무아지경에 빠져들어 춤을 추고 신의 소리를 전해주는 존재였다. 1930년대 군국주의자들은 일본을 미개한 사회로 보이게 한다는 명목으로 미코를 탄압하였지만 그들은 신도의 예측할 수 없고 통제 불가능한 요소를 두려워하고 있었던 것이다.

그 후 미코는 2차 대전 후 다시 나타났다. 그들은 다시 대부분의 신도 축제에서 춤을 추었고 때때로 중요한 의식을 거행하였다. 예언자들은 드물어졌지만, 많은 수의 여성들이 무속적인 재능을 이용하여 새로운 종교를 창안하였다. 오늘날 미코를 일본 사회에서 찾기 위한 바로 그 장소는 아니메의 세계이다.

시끌별 녀석들(1981)의 미스 사쿠라 역시 틀림없는 미코다. 그녀는 미코와 같이 하얀 상의에 눈에 띄는 붉은 하가마를 입는다. 그러나 미스 사쿠라의 힘은 생각만큼 잘 조절되지 않아서, 귀신을 몰아내려는 첫 시도에서, 미스 사쿠라는 엉뚱하게도 자신 속에 있던 귀신을 몰아내게 되었다. 이 작품 속에서는 코믹하게 표현되기는 하였지만, 미스 사쿠라가 미코로서의 능력을 가지고 있다는 점은 분명하게 표현된 것이다.

제도물어(1991)에서 동경에 나타난 악령을 제거한 케이코는 이 신도 전통에서 의심할 바 없는 가장 강력한 캐릭터의 미코이다. 물론 케이코가 미코로서 부족한 점이 있는 것은 사실이다. 그것은 케이코가 모시는 여신이 불교의 신인 카논이기 때문이 아니다. 왜냐하면 신도의 종교적 혼합주의에 의하여 이미 카논은 일본의 전통 신도 신앙과 결합하여 신도의 신으로 이해될 수 있기 때문이다. 케이코가 전형적인 미코가 아닌 이유는 바로 악의 세력을 소탕하기 위한 작전의 일환으로 결혼함으로써, 순결을 잃었을 뿐 아니라, 주부로서의 의무를 지게 되었기 때문이다.

제도물어

전통적으로 미코는 처녀여야 하고 어떤 일상적인 삶으로부터 떨어져 있어야 했다. 그러나 아니메에서는 좀 더 다양한 변형된 모습으로 미코가 등장하는 것이다. 그럼에도 불구하고 대부분의 아니메에 등장하는 미코는 어린 소녀이고, 대부분 그들의 힘은 훈련보다는 모계로 세습되는 것으로 나타난다.

그래서 미코의 힘이 나타나는 것은 사춘기와 연결되어 있다. 예를 들면 블루 소넷(1989)의 코마츠자키 랜은 여성이라는 점 때문에 반신반인의 혈통에서부터 능력을 받는다. 어린

동생 역시 혈통을 이어받지만, 그는 누나로부터 수혈을 받은 이후에야, 힘을 발전시킬 수 있게 되며, 그것도 누나의 능력에는 미치지 못한다. 테니스를 치던 중 월경통이 시작되어 체육관 샤워실의 배수구로 엷은 피를 흘리고 '붉은 황'이라는 새로운 여주인공의 탄생으로 나타났던 첫 월경을 하기 전까지 랜은 단지 평범한 소녀일 뿐이었다.

모든 변신이 명확히 그런 생물학적인 것은 아니다. 때로는 변신은 단지 여주인공의 나이에 대한 언급으로 혹은, 가슴이 커진다는 식의 표현으로 나타난다. 마물魔物 헌터 요코(1991)에서 주인공 요코의 처녀성은 강제적으로 지켜지는 것으로 그녀의 힘은 사춘기와 처녀성의 조합에서 이루어진다. 요코는 가문의 109번째 요괴사냥꾼이다. 그녀의 이런 능력은 세습적인 것으로 할머니는 108번째이고 엄마는 힘이 충분히 나타나기 전에 처녀성을 상실하였기 때문에 그 기회를 상실하였다. 할머니는 다시 그런 일이 일어나지 않도록 결심했다. 할머니는 요코에게 감시의 눈을 떼지 않았고, 실제로 어린 시절 남자친구와 어울리는 것을 억지로 떼어내는 장면도 있다. 그러나 요코의 능력이 완전히 발달되자, 요코의 할머니는 요코를 마음껏 세상에 나가 즐기라고 재촉한다.

강력한 힘을 가진 젊은 여성 주인공이라는 캐릭터는 아니메의 오래되고 뚜렷한 전통이다. 전 세계 아니메 팬들에게 많은 충격과 영향을 주었던 오시이 마모루 감독의 **공각기동대**(1985)의 주인공 쿠사나기 모토코 역시 그런 인상을 강하게 심어준 캐릭터이다. 미래 사회를 배경으로 쿠사나기 모토코는 비록 몸은 사이보그화되었고, 컴퓨터를 통해 정보를 전달받는 존재이지만, 전통 일본 사회의 미코와 같은 기능을 수행하고 있다. 다만 접신을 통해 신의 목소리를 듣는 것이 아니라, 컴퓨터 네트워크를 통해 세상과 정보를 교류하고, 춤과 목소리를 통해서 신의 목소리를 들려주는 것이 아니라, 몸을 아끼지 않는 액션과 총질로써 그녀는 자신이 미래 사회의 미코임을 우리에게 증명하고 있는 것이다.

할리우드에게도 깊은 인상을 심어 주어 할리우드 영화의 소재로 채택하고 있다. 일본영화와 홍콩영화의 마니아가 되었던 할리우드의 이단아 쿠엔틴 타란티노 감독의 〈킬 빌〉에서는 잔혹한 싸움 실력을 과시하는 여고생 고고 유바리라는 캐릭터를 창조해냈다. 최근에는 우리나라 영화배우 전지현이 아니메를 원작으로 한 〈블러드 더 라스트 뱀파이어〉라는 영화에서 초능력을 가진 일본 여고생 역할의 주인공으로 등장한다는 소식이 들렸다. 한국 만화나 애니메이션을 원작으로 한 할리우드 영화도 곧 나오기를 기대해본다.

34. '동경 바빌론'과 남성 영매의 활약

일본 건국 설화인 아마테라스와 스사노의 이야기에서는 남매이기도 했고 부부이기도 했던 이 알쏭달쏭한 커플 사이에서 아마테라스가 모든 책임감 있는 역할을 맡는 반면 스사노는 사고를 치고 누이에게 행패를 부리는 역할로 그려진다. 학자들에 따르면 스사노가 신라로 되돌아간 것으로 추정되는 역사적인 세력을 의미하기 때문에 이렇게 일본에서 괄시를 받는다는 해석을 하기도 하는데, 이와 같이 아마테라스가 주인공 역할을 맡고, 스사노는 철부지 역할을 맡은 영향 때문인지, 아니메 속에 등장하는 젊은 남성들은 대부분 여성들에 비해 그다지 믿음직스럽지 못한 경우가 많이 있다. 특히나 초능력을 발휘하는 남성의 경우 그렇다. 일본 문화에서 초자연적인 능력에 대한 기원은 전통 신도 설화에 근거를 두고 있기 때문에 여성 무녀인 미코의 초능력 역시 남성들을 압도하곤 한다.

동경 바빌론
ⓒMadhouse

그러나 물론 남자들도 초능력자나 영매가 될 수 있다. 다만 남성 영매 혹은 승려는 미코와 같은 여성들과는 다르게 작용하는 것 같다. 일반적으로, 아니메에서 우수한 남성 영매들과 남성 초능력자들은 강한 카리스마를 가지기보다는 부드럽고 여성스러운 외모를 보이는 특징을 가진다. 예를 들어 **동경 바빌론**(1992)에 나오는 수메라기 수바루는 웃는 모습을 제외한다면 그의 여자 쌍둥이와 구분할 수 없을 정도이다. 게다가, 그와 누이는 모두 수바루의 보호자로 나오는 사쿠라주카 세이시로라는 남성 영매에 끌리는 모습을 보여 주는데, 이런 관계는 표면화되지 않는 관능성을 바탕에 깔고자 하는 작가의 의도에 따라 동성애적인 이미지를 암시하였다. 이런 캐릭터 설정은 남성 영매들은 그 자신만의 힘으로는 성공할 수 없다는 점을 암시하는 것이다.

그 외에도 아니메 작품 속에서 남성 영매들은 보통 미코에 비하여 작은 역할을 맡는 편이다. 그들의 역할은 여성 초능력자를 보완하는 역할일 뿐이었다. 아니메는 여성과 남성의 캐릭터 구분을 통해서 남성은 좀 더 합리적이며, 집단 기도와 성가를 하거나 점성학 혹은 주역과 같은 체계를 이용한 접근을 하려는 경향을 은연중에 보여주고 있는 것 같다. 아마도 일본의 시청자들이 여성을 소재로 한 아니메를 선호하기 때문일 수도 있다.

어쩌면 초능력을 여성과 연관시키는 전통은 단지 일본만의 시각은 아닌 것 같다. 우리나라의 무속 신앙에서도 여성이 차지하는 비중이 클 뿐 아니라, 유럽의 중세에 비록 마녀로 몰

리기는 하였지만, 잔다르크와 같은 신의 전사 캐릭터가 있는
가 하면, 할리우드 TV시리즈에서도 여성 초능력자를 소재로
하고 있기 때문이다.

35. '금단의 묵시록 크리스털 트라이앵글'과 불교

대개의 일본인에게 불교는 장례 절차와 관계가 있다. 여름
동안 선조의 영혼이 돌아오는 것을 경축하는 오봉 축제 같은
발랄한 불교 축제조차 죽음과 관련되어 있다. 이는 모든 불교
가 그렇다는 것은 아니지만, 아니메 속에서 선禪은 무술이나
비술과 관련되어 있다. 제도물어(1991)의 악령 가토는 오봉 축
제 기간 동안 사자死者를 추모하기 위해 강 위에 띄운 연등을
타고 동경에 도착한다. 금단의 묵시록 크리스털 트라이앵글
(1987)에서는 불교 승려가 소름 끼치는 침략자 외계인이라는
것이 밝혀진다. 일본인은 반反불교도는 아니지만 절, 승려, 소
지품 등의 등장이 하나의 규칙처럼 음울한 분위기를 의미한
다. 물론 그 사실을 아는 우리들조차 아직도 토리라는 정문
을 가진 신사와, 탑과 위로 치킨 처마를 가진 중국 스타일의
건축으로 구분되는 불교사원의 차이를 모르는 경우도 많이

금단의 묵시록 크리
스털 트라이앵글

있다.

　대부분의 일본인이 필요할 때만 불교에 의존하려는 경향 때문이기도 하다. 예를 들어 일본인들은 몸이 아플 때 '야쿠시'라는 치료의 부처를 모시는 사원에 도움을 청할 수 있다. 스트레스를 받을 때는 선 묵상에 의지할 수 있다. 혹은 일본인은 종종 일본 스타일의 사치스러운 호텔이나 다름없는 암자 중의 한 군데에서 휴가를 보냄으로써 행복한 가족만의 시간을 가진다. 하지만 불교에 심취해 있는 일본인들조차 때때로 불교란 캐면 캘수록 알 수 없는 그런 대상일 뿐이다.

　아니메에서의 불교는 승려와 수도자가 오히려 다른 사람보다 먼저 악령으로 된다는 대목에서 더 나쁜 것이 될 수 있다. 카르마(한 사람이 전생이나 후생에 영향을 미치는 행동을 칭하는 불교용어)로부터 마을을 보호하려고 악령을 조종하는 여학생 신도 여승 치아키의 이야기인 **천공전사 젠키**에서 승려들은 적으로 배역을 맡는다. 지방 절이 관광객을 신도를 모시는 여주인공에게 봉양하지 못하도록 유도하는 비윤리적 방법을 사용할 뿐 아니라, 여왕 카르마를 봉양하는 사악한 신도는 보물이라고 생각되는 여주인공의 성물聖物을 훔치려고 하면서 봉인을 풀어 무차별적 폭력을 시작한다. 다양한 형태의 몸서리 칠 정도로 무서운 모습으로 악령에게 사로잡힌 채 **천**

공전사 젠키에 나오는 승려나 수도자들은 탐욕적이고 음란하다. 젠키가 깨어있을 때 그의 첫 번째 간식은 두 개의 머리를 가진 악마적인 불교 신도이다. 나중에는 풋내기 수도자가 젊은 여성을 희생물로 하여 거미줄에 쌓아 저장하는 거미괴물이 되기도 한다. 곤충은 종종 불교에 연결되는 이미지를 갖는다.

성직자에 대한 불신은 아무 종교도 관련되지 않은 SF에서도 명확하다. 오네아미스의 날개(1987)의 초반부 장례장면은 가상 세계의 정통 종교를 가식적인 것으로 표현하며, 영웅의 동기를 단순하고 개인적인 믿음으로 설명하려고 한다. 녹색영웅 랜(1992)은 종교와 정치의 전제주의적 혼합으로 만들어진 우스꽝스러운 종교의 모습을 보여준다. 주교는 일그러져 있고, 종교

오네아미스의 날개
ⓒ1987 Gainax

에 대한 믿음이 없는 음탕한 존재이다. 그들이 관심을 갖는 것은 오직 권력이다. 불교가 진실과 정의의 편에 설 때조차, 불교의 이미지는 불길한 것으로 남는다.

다른 한편으로는 불교적 이미지가 좋은 의미를 가지는 경우도 있다. 금단의 묵시록 크리스털 트라이앵글과 천공전사 젠키에서 불교는 위협일 뿐 아니라 구원이다. 외계인 히는 불교 수도승의 형태를 취할 수도 있지만, 그들과 대항하는 고고

학자 카미시로 역시 독실한 불교도이다. 그러므로 불교에 대한 불신은 불교 자체와는 아무 관련이 없다.

36. '천공전사 젠키'와 신공 분파

금단의 묵시록 크리스털 트라이앵글(1987)에서 외계에서 온 승려는 곤충을 닮은 형태로 그려진다. 더군다나 이 작품에서 불교는 지구를 파괴하겠다고 협박하는 악의 근원으로 그려진다. '히'의 지도자는 나중에 드러나는데, 불교 신공 분파의 창시자인 쿠카이다. 실제로 쿠카이는 중국을 여행하여, 신공 분파를 일본에 가져와 고야산 수도원을 창설하고 학문, 명상, 자비의 성인의 삶을 산 9세기의 수도승이었다. 어떻게 그는 SF 아니메에서 개미 눈을 한 괴물 무리의 지도자로서 등장할 수 있는 것일까?

이 문제를 풀기 위해 신공 분파나 또는 쿠카이의 계율을 깊이 있게 조사할 필요는 없을 것이다. 그들은 구제와 부처의 무한한 자비를 이야기한다. 왜 그런 종교가 악령과 괴물과 관련될 수도 있는지를 이해하기 위해, 신공 사원을 둘러싼 민간 설화 전통을 언급하는 것이 필요하다. 사원에 직접 가보는 것이 나을 것이다. 고야산에서 시작해보자. 많은 수도원의 손님 방에 머물러라. 땅 위를 걸어라. 유령이 나올 것 같다. 고야산 은 일본에서 가장 오래되고 가장 큰 공동묘지 중 하나이다. 산 높은 곳에 위치하여, 안개와 습기가 끼는 장소이다. 이끼 가 오래된 비석과 흐릿하게 나타나는 소나무를 장식한다. 잘 유지되었지만, 명확히 오래된 오솔길이 나온다. 그러한 사원 안쪽에는 불교라기보다 힌두교에서 온 듯한, 화난 표정을 가 진 여러 개의 머리를 가진 조각상이 있다. 색 바랜 고대의 만 다라 위의 자리 잡은 인물들의 부드러운 미소조차도 수줍어 하고 미스터리한 듯이 보인다. 불공에 참가하라. 이것은 가장 높은 천주교 성당보다 더 많은 종과 향으로 공들인 제단 앞 에 거행되는 공들인 의식이다. 그 행사의 많은 부분을 이해할 수 있으리라고 예상치 마라. 일본인조차 할 수 없는 일이니 까.

신공은 북인도와 티베트에서 발달된 밀교 불교의 지류이다. 가장 잘 알려진 탄드라 불교의 특질은 그들 중 몇 분파는 섹 스 동안의 명상을 옹호한다는 것이다. 이 불교는 사악하다고 할 수 있을 정도는 아니지만, 단순한 일본불교의 설화와는 차 별화되어, 힌두 신화에서 나온 영웅담과 마법적 요소와의 복 합성을 가지고 있다. 신공 분파의 명상의 초점은 예를 들면,

만다라가 있는데, 이것은 열반으로 가는 길을 따라 신도의 마음을 인도하도록 만들어진 그림 혹은 디자인이다. 시간이 지날수록, 만다라는 부적의 한 종류로 여겨지게 되었다. 탄트라 역시 명상적인 행위를 위해 의미 없는 음절의 성가를 이용하였는데, 나중에 이것들이 마법적인 구절이 된다. "온 바타리 야 사와카"는 동경 바빌론의 수바루 수메라기가 그의 주문의 끝을 장식하는 구절로 사용하는 말로 탄트라 의식에서 끌어온 말이다. "온"은 보통 영어로 "Aum" 혹은 "Ohm"으로 쓰여진다. "사와카"는 "사비카"의 일본식 발음일 뿐이다. 그것은 산스크리트 어로 '아멘'이란 뜻이다. 천공전사 젠키의 치아키는 자신을 신도 여승으로 인식하지만, 예언하는 노래는 순수 탄트리즘이다. 그 노래를 자막으로 번역하려고 하지 않는 것은 당연하다. 훨씬 더 인상적으로 들릴지 모르지만, 그 뜻은 대략 번역한다면 "수리수리 마하수리" 정도의 의미일 뿐이다.

일본의 전설과 아니메에서 가장 공감이 되는 불교 신은 자비의 여신 '카논'이다. 몇몇 사원은 카논을 남성으로, 다른 사원은 여성으로 그린다. 그러나 일반적인 인식과 아니메에서 카논은 거의 여성으로 묘사된다. 또한 일본 여성들은 유산된 태아의 영혼을 상징하는 돌 조각인 미주코를 카논에게 데리

천공전사 젠키
ⒸKikuhide Tani/
Yoshihiro Kuroiwa/
Shueisha/K Factory/
TV Tokyo

고 가서 보인다. 여성이 그런 친밀한 행위를 남성 신에게 한다
고 상상하기는 어렵다. 많은 불교의 신처럼 그녀는, 명상을 통
해 열반으로 가도록 허락된 사람인 보드히사트바이지만, 스
스로의 노력을 통해 구원을 얻기에는 너무 약한 사람들을 도
우려고 지상에 남는다. 카논은 또한 섹스, 스트립과 밀접한
관련이 있다. 실은, "카논을 보러 간다"는 표현이 스트립쇼를
보러 간다는 말을 의미하는 것이다. '구원'이 스트립쇼와 무
슨 관계가 있단 말이야? 배경을 살펴보면 사실은 충분히 그
럴 듯한 이야기이다. 이는 불교와 신도가 합쳐진 결과이다.
불교가 일본에 처음 왔을 때는 카논은 태양의 여신을 동굴에
서 끌어내는 춤을 춘 신도의 여신 우즈메와 관련 있는 것으
로 되었다. 이제 카논은 거의 모성애처럼 제한 없고 구속 받
지 않는 에로티즘과 결합한다. 그녀가 대중적인 인기를 가지
는 것도 당연하다.

  자비와 섹스는 강력한 조합을 이룬다. 이것은 제도물어의
마지막 장면에서 카논의 효과적인 출현으로 잘 나타난다. 제
도물어에서 1920년대의 동경은 '카토'라는 강력한 악령에 의
해 위협받는다. 많은 영매와 승려들이 카토를 몰아내려 하지
만 실패한다. 마침내 신도 여승인 미코인 '케이코'가 그 일에
도전한다. 그녀가 주술적인 신들림으로 카토가 되는 것인지,

아니면 그렇게 카토가 미코로 위장을 하고 나타난 것인지는 분명치 않다. 그러나 그녀가 신도의 법복을 입고 검을 손에 들고 귀신같이 하얀 종마에 걸터앉아 악령의 요새로 달려갔을 때 그녀는 확실히 카논이다. 카토는 처음에 그녀를 보고 기뻐하여 걸신의 군사와 기어가는 그림자들로 그녀의 옷을 찢고 모든 구멍으로 들어가서 그녀를 강간하려고 시도한다. 카논은 그들을 한번의 간단한 미소로 제압한다. 그녀가 응시하자, 뜨거워진 귀신들은 인간의 형상으로 간단히 돌아간다. 그리고는 그녀의 빛으로 그들은 금빛으로 빨갛게 빛을 내며 승천한다. 귀신들을 제거한 후 카논은 주의를 악령에게로 돌린다. 넝마가 된 마지막 법복을 벗은 후 그녀는 악령에게로 나아가 악을 영원히 끝낼 절대적이고 무조건적이고 육체적인 사랑을 제공한다. 나체 여성에 대한 많은 아니메의 묘사와는 달리, 카논의 이 모습은 싱싱하고 잘 다듬어진 남성용 환상이 아니다. 호리호리함에도 불구하고, 그녀는 넓은 엉덩이와 풍만한 가슴을 가진 매우 성숙한 여성이다. 저돌적인 관능성은 악령을 겁나게 했지만, 마침내 포옹에 넘어간다. 그들은 함께 하여, 금빛의 기둥이 하늘로 치솟아 동경이 위기에서 구출된다.*

* Levi, Antonia, Samurai from Outer Space, Open Court, 2001

37. '성전'과 힌두교

일본은 수세기 동안 다른 나라의 문화를 수입해온 나라인
데, 힌두교 역시 아니메에서 나타난다. 만화 집단 클램프의
원작을 아니메화한 **성전**(1992)에서는 힌두교 고전 리그 베다

성 전

the Rig Veda의 전쟁신이 등장한다. 인도문화는 중국과 우리나
라를 거쳐 한자로 표기되었다가 일본어로 바뀌면서 발음상의
많은 변화가 뒤따랐다. 인도에서는 '인드라'였던 이름은 일본
발음인 '타이샤쿠텐'으로 바뀌게 되었다.

타이샤쿠텐은 통치자 아수라 왕을 살해한다. 이제 그에 대
항하는 아수라의 딸은 다른 신들과 힘을 합쳐 타이샤쿠텐을
파괴하고 천상의 평화를 회복하고자 한다. 힌두교의 리그 베
다 원전에서는, 타이샤쿠텐은 사악한 악령 아수라를 살해함
으로써 인도를 구한 영웅적 왕이었다. 즉 선과 악의 이름이
완전히 뒤바뀌어버린 것이다. 이는 작가 집단인 클램프가 실
수로 그 이야기를 뒤죽박죽 만든 것은 결코 아니다. **성전**은 9
세기에 일본에 들어온 힌두교 설화에 근거한 것이다. 리그 베
다는 힌두교에서 나온 것이지만, 힌두교 자체는 결코 일본에
들어온 적이 없다. 일부 힌두교의 요소가 일본에 탄트라나 신
공 불교로서는 들어왔고, 불교 승려를 거쳐 일본에 온 탄트라

불교는 힌두교와 대립했던 불교의 시각으로 선과 악이 뒤바뀌어 각색되고 변형되어 버린 것이다. 그 결과, 힌두교에서 좋은 신은 일본에서는 악령이 되고, 일본에서는 악령이 좋은 신이 된 것이다.

사실 아니메에서는 많은 수의 힌두신이 불교식으로 변형되어 표현된다. 그 사실은 탄트라 불교가 일본에 신과 악령, 영웅과 악당에 관한 완전히 변형된 내용의 이야기를 가지고 전파되었다는 것이다. 일본에서 탄트리즘의 가장 널리 퍼진 형태인 신공파에는 신념의 수호자이며 초능력을 부여 받은 성인인, 보드히사트바Bodhisattva의 모습이 많이 보인다. 보드히사트바의 수는 분파별로 다르다. 교토에 있는 산주산겐도 사원은 사람 크기만한 상의 형태로 28개의 상이 보인다. 그들은 향내로 무거운 어두워진 홀에서 자비의 보드히사트바인 카논의 1000개의 상을 수호한다. 수호자로서의 역할에 잘 어울리게 대부분은 무장을 한다. 아수라가 세 개의 머리를 가진 것이나, 카루라(가루라)가 새의 얼굴과 날개를 가진 것처럼 몇몇은 괴상한 외모를 가지고 있다. 그들은 좋은 편의 역할을 맡고 있지만, 외모는 무시무시하다.

그리고 그것들은 좋은 아니메의 소재이기도 하다. 성전의 거의 모든 캐릭터가 신공 이야기에서부터 왔다. 성전에는 친숙한 일본 이름 외의 대부분이 산스크리트 이름을 가지고 있다. 카이샤쿠텐과 아수라뿐만 아니라, 카루라(가루라), 쿠자쿠(마하마유리 비디아라의니), 켄다파(간드하르바), 그리고 야샤(야크샤). 다른 것들은 불교를 수호하는 보드히사트바의 신들에 덧붙여진 중국과 일본의 신들이다. 예를 들면 **성전**에서 용을 의미하는 이름을 가지고 있으며, 용검龍劍을 가지고 다니는 류 왕은 수호 용Protective Dragon을 대변한다.

물론, 클램프가 어느 정도의 창작을 덧붙인 것은 사실이다. 아니메가 신화를 바탕으로 할 때 그런 창작은 당연한 것이다. 쿠자쿠와 카루라는 둘 다 성이 뒤바뀌었다. 사실, 쿠자쿠는 인도에서는 여성이었지만 일본에서는 남성으로 묘사된다. 정확히 말하자면 공작의 암컷의 영혼을 가리킨다. 일본에서는 수컷 공작이 되었다. 보통 일본에서는 남성으로 묘사된다. 공작이 독이 든 식물과 해충을 먹어 신들의 음료를 만든다고 여겨지는 믿음처럼 쿠사쿠는 인간을 괴롭히는 온갖 방해를 물리친다고 여겨진다. 클램프는 쿠자쿠를 아름답고 약간 여성적 매력을 가지는 젊은 남성으로 묘사함으로써 문화간 성전환의 문제를 교묘히 해결한다. 카루라는 다른 문제이다. 일본에서조차, 카루라는 새머리를 한 남자일지언정 항상 남성으로 묘사된다. 카루라가 **성전**에서 어깨에 새를 앉힌 여전사가 된다는 사실은 클램프의 예술적 창작의 몫으로 봐야만 한다. 류를 청년으로 묘사한 것도 같은 맥락에서 봐야 한다.

모든 사회는 그런 신앙이 있다. 서양의 경우 공포영화는 루시퍼와 같은 지상으로 추방당한 천사들의 전설을 광범위하게 인용하고 있다. 서양의 종교행위에 관한 전설의 근원을 찾아내기 위해 학자들은 중세 유럽역사로 깊이 들어갈 필요가 있을 것이다. 그런 신앙은 현대 성경에는 남아있지 않기 때문이다. 그것이 그 신앙이 서양에 현재 남아 있지 않다는 말이 아니다. 일본에서도 마찬가지로, 오랜 역사의 종교적 관용과 다른 문화를 자유로이 수용할 수 있는 취향 때문에, 일본의 이야기 보물창고는 어느 나라보다 크고 다양한 것이다. 아마도 그 때문에 아니메가 동아시아, 서남아시아, 남아시아에 쉽게 진출할 수 있었던 것 같다. 오늘날 세계적으로 일본 아니메가 인기를 끄는 것은 캐릭터들의 특징 때문에 다양한 사람들이 아니메를 보는 것도 아니고, 더빙이 쉽도록 입 모양이 단순해서도 아니다. 그것은 모든 문화로부터 끌어져 온 다양한 이야기들이 사람들이 무언가 자신에게 친근한 것을 찾을 수 있도록 하기 때문인 것이다.*

* Levi, Antonia, Samurai from Outer Space, Open Court, 2001

38. '시끌별 녀석들'과 도교

 일본 유명 맥주회사인 삿뽀로 맥주의 브랜드 가운데에 에비스라는 유명 브랜드의 맥주가 있는데, 이 에비스라는 이름은 일본의 칠복신しちふくじん 중 하나이다. 칠복신은 다이코쿠텐, 에비스, 벤텐, 비샤몽텐, 호테이, 후쿠로쿠쥬, 킷쇼텐(또는 쥬로진)의 일곱 신령으로, 그 기원은 무로마치시대(1336~1573) 농민과 어민 사이에서 민간신앙으로서 성립된 것으로, 처음에는 다이코쿠텐과 에비스만의 신앙이었으나 불교, 도교 등 다른 신들을 모아서 '7'이라는 길한 숫자로 끼워맞춘 것이 기원이 되었다고 한다.

칠복신

 칠복신은 복을 가져다 주는 행운의 존재로 여겨져 일본각지에서 칠복신 순례를 하기도 하며, 정월에는 베개 밑에 칠복신이 탄 보선宝船. 보물선의 그림을 넣어두면 그해의 길한 첫꿈을 꿀 수 있다고 여겨지고 있다. 칠복신을 기리는 신사는 전국에 있으며, 그 대부분이 흩어져 있기 때문에 참배자들은 칠복신 모두를 참배하기 위해서는 일곱 개의 신사를 돌지 않으면 안 된다. 지금은 근처의 칠복신사를 돌면 도장을 찍어주는 종이도 팔고 있어 노인들에게 좋은 오락이 되고 있다.

 칠복신들을 소개하자면, (1)살찐, 웃는 행복의 신 호테이,

(2)나이 많은 장수長壽의 신 주로진, (3)난장이 지혜의 신 후쿠
로쿠진, (4)무력으로 가난과 잡귀를 퇴치하는 비샤몬텐, (5)관
대하고 미소를 띤 부의 신 다이코쿠, (6)한 손에 낚싯대를 들
고 다른 손에 살찐 도미를 잡은 정직한 노동의 신 에비스, 그
리고 마지막으로 (7)상업의 신 벤텐이 있다.

칠복신 가운데 외국에서 가장 많은 인기를 얻고 있는 신은
호테이와 에비스일 것이다. 어린이들에 둘러싸여 살찌고 웃음
을 터트리는 호테이의 묘사는 종종 차이나타운 골동품 가게
에서 마주칠 수 있다. 에비스는 우리나라에서 판매되지 않지
만, 일본맥주 에비스 비어에서 볼 수 있다. 그러나 칠복신 모
두가 화기애애한 분위기에서 항해를 해나갈 수 있도록 만드
는 것은 홍일점 신인 벤텐 덕분이다. 일본 민담에 따르면, 행
운의 일곱 신이 아직도 항구에 매년 새해마다 온다는 것이
다. 그날 밤에 그들과 보물선의 그림을 베개 밑에 놓은 어린이
는 행운의 꿈을 받는다고 한다.

상업의 신 벤텐은 인도에서 탄생한 여신으로 음악, 지혜, 부
부 화합에 도움을 준다고 믿어지고 있다. 대중화된 형태의 도
교는 중국의 민간 신앙이다. 학문적인 형태로서, 도교는 이러
한 민간신앙과 구분되는 세련된 철학이다. 초기 일본인들은
도교가 아마도 자신들이 친숙한 신도와 너무 많이 비슷하기

때문인지 불교처럼 명확히 매력을 느끼지는 못한 것 같다. 그러나 원래 도교 신화에서 행운의 일곱 신 중에서 유일한 여성이었던 벤텐을 채택했다. 벤텐은 현악기인 비파를 연주하며 여성스런 예술을 상징한다. 벤텐은 보물선(타카라부네)을 타고 6명의 동료와 길고 험한 여행길을 떠난다.

벤텐은 일본에 들어오게 되면서, 인도에서와는 달리 용궁의 공주이자, 바다의 강력한 여신인 오토히메 류규의 역할로 바뀌게 된다. 오토히메 류규는 일본의 가장 인기 있는 민담이자 규모면에서 아마도 세계에서 가장 큰, 타로 우라시마 이야기의 여주인공이다. 타로 우라시마는 어망에 걸린 거북이를 구출한 젊은 낚시꾼이다. 은혜를 갚기 위해 거북이는 바다 밑 용궁으로 그를 데리고 가서 호화롭게 살면서 공주의 연인이 되게 하였다. 3년 후, 그는 방문을 마치고 집으로 돌아왔다. 그가 떠나기 전에 공주는 그에게 열지 말라는 엄격한 지시와 함께 상자 하나를 주었다. 집에 돌아오자, 그는 시간이 생각보다 훨씬 더 많이 지나서, 그가 아는 사람들은 죽은 지 이미 오래된 것을 알게 되었다. 낙담하여 그는 상자를 열었는데, 그도 갑자기 늙어져서 그 상자 안에 젊음이 담겨 있었다는 것을 깨닫게 되었다. 아무리 아름답고 잘 의도된다고 하더라도 사람이 죽는다는 것은 신도 어쩔 수 없는 것이라는 것이 이 이야기의 교훈일 것이다. 오토히메 류규는 타로 우라시마를 사랑했겠지만, 그녀는 또한 그를 파멸시켰다.

아름다움과 풍요와 여성적 기술의 도교의 여신인 벤텐이 일본에 들여져 올 때 오토히메 류규로 받아들여지게 되면서, 벤텐은 두 가지 새로운 특성을 가지게 되었다 : 섹스와 연애에 대한 관심, 그리고 바다. 일본에서 벤텐은 종종 흰 용으로 그려지고 어린이와 선원을 사나운 용으로부터 구해주는 것으로 알려져 왔다. 그녀는 또한 연애의 여신이고 종종 불행한 연인들을 도와준다.

만화가 타카하시 루미코는 분명히 시끌별 녀석들(1981)과 란마1/2(1989)에 깜짝 등장한 벤텐에 대하여 특별한 애정을 가지고 있다. 두 편 모두에서 벤텐은 섹시하고 쾌활한 특징을 갖고 있다. 시끌별 녀석들에서, 벤텐은 다양한 가죽 비키니를 입고 체인을 감은 자전거 소녀로 나온다. 다른 운 좋은 신들 또한 자전거 타는 사람 형태로 표현된다. 이 작품의 후반부에 그들 모두 전체가 여성으로 이뤄진 팩을 형성하기 위해 종종 벤텐과 함께 하는 딸들을 가지고 있는 것으로 나타난다. 벤텐은 시끌별 녀석들에서 공격적이지 않은 여성 중 한명이다. 벤텐은 럼의 가장 친한 친구이고 때때로 아타루와 희희덕거림에도 불구하고 그녀는 아타루를 둘러싸고 럼에게 도전하려는 본심은 없다.

벤텐과 다른 칠복신은 첫번째 극장판 '란마, 중국 네곤론에서의 사건' 편에도 등장한다. 극적 구성상 신들의 이름도 변했고, 성격도 조금 변했다. 벤텐은 몬론으로 이름이 바뀌었지만, **시끌별 녀석들**의 자전거 소녀보다 훨씬 더 여신임을 알 수 있게 한다. 두 편 모두 성적인 호기심을 자극하는 편인데, 몬론은 매우 여성적이다. 그녀는 원피스 스타일의 정장스타일의 중국 여성옷을 뽐내고, 전통적인 비파를 연주한다. 그녀는 또한 비파줄을 무술로 이용한다. 이런 것들은 설화 속의 역할로부터 많이 변화된 부분이다.

7장

일본
전통예술의
영향

39. '흡혈희 미유'와 전통예술

일본의 아니메는 일본의 전통예술에 어떤 관련성이 있는 것일까? 아니면, 디즈니 애니메이션 기술이 여과 없이 수용되어 발전된 것일까? 그것은 독자 스스로가 일본과 디즈니 애니메이션을 비교해본다면 그 해답은 분명하다. 아니메는 문화적 코드가 일본의 전통적 문화적 배경과 맞물려 있어, 외국인으로서는 원래 의미를 찾아내기가 어려운 경우가 많이 있다.

만약 우리가 일본 문화에 대하여 인식하지 못한다면 작품 속에 무심코 지나가는 간단한 힌트조차도 그 의미를 파악하지 못할 수 있다. 예를 들면 한국과 일본의 전통 건축물이 유사하다고는 하지만, 일본 전통 건축물에 대한 상식이 없다면 흡혈희 미유(1988, 1997)의 오프닝 장면에서 히미코가 방문한 고저택이 귀신과 관련된 이야기가 시작된다는 점을 시청자들에게 암시하고 있다는 것을 잘 인식하기 어려울 수 있다. 우리들이 일본 건축물에 익숙하지 않다면 그 집이 구식이라는 것조차 인식하지 못할 수 있다. 단순히 종, 책, 초 등을 소지한 승려의 출현에서 머지않아 귀신 쫓는 의식이나 어떤 초능력 의식이 있을 것을 쉽게 추리할 수 있는 우리 시청자조차

도 **금단의 묵시록 크리스털 트라이앵글**(1987)에서 미야베가
갑자기 하얀 기모노 상의에 빨간 트인 치마를 입고 나타났을
때, 그런 명확한 힌트가 숨어있는 줄 알아 맞추기 어려울 것
이다. 바로 그 의상은 엑소시즘과 영적인 세계와 접촉하는 신
도神道 여승인 미코의 화려한 의상임에도 불구하고 말이다.

소리에도 종종 같은 힌트가 숨어있다. 아니메에서 오디오
효과는 자주 드라마의 한 순간을 고조시키거나 서스펜스를
만들기 위해 딱딱이, 북, 정형화된 외침 등 노와 가부키의 전
통을 이용하고 있다. **천지무용**(1992)은 악령 류오코가 예기
치 못한 출현을 할 때 가부키와 노의 소리 힌트를 매우 효율
적으로 이용하고 있다. **흡혈희 미유**(1997)의 '마리오네트의 축
하연' 에피소드의 마지막 장면에서 딱딱 소리를 내는 일본 전
통 타악기가 사용됨으로써, 이 소리는 인형 악령이 인간 제
물을 가지고 달아나는 장면에서 더더욱 적극적인 연극적 전
통을 상기시켜준다. 그들 뒤에 흘러내리는 형형색색의 커튼은
전통적으로 분라쿠 인형극에서 사용되는 것이어서, 두 캐릭
터가 기이한 인형으로 변한다는 사실에 대한 아주 확실한 마
지막 힌트를 제공한다. 이 소름끼치는 음향효과는 일본인뿐
아니라 우리들에게도 효과적으로 작동하지만, 일본인들은 도
대체 어떻게 그런 음향 효과들을 생각해냈을까 하는 생각이

흡혈희 미유
ⓒ1997 AIC/TV Tokyo

드는 것도 당연한 것이다. 사실, 등골이 오싹해지도록 만드는 소리가 되도록 만들어지기에 수세기가 걸린 것이다.

할리우드 영화제작자라면 정식 오케스트라를 사용했을 법한 에로틱한 장면에서 아니메는 게이샤 세계와 관계가 있는 기타를 닮은 악기인 사미센 독주를 선호할 것이다. **무사 쥬베이**(1993)를 예로, 사미센 음악은 쥬베이와 카게로 사이에서 서로를 애무하기 전부터 에로틱한 긴장을 암시한다. 그럼에도 불구하고 대개의 외국인에게는 그 소리의 중요성을 인식하지 못하고 설령 그것을 이성적으로는 이해하는 사람이라도 그 소리에 성적인 흥분 이상의 의미를 부여하지는 못할 것이다.

한편, 디즈니 애니메이션이 자연스러운 움직임을 표현하는 데 주력하였다면, 일본의 아니메는 순간의 아름다움과 극적 효과에 보다 치중했다는 점을 쉽게 발견할 수 있을 것이다. 일본 아니메는 스타일과 기법에서 일본의 문학적, 연극적, 미술적 전통을 반영하고 있다는 점이다. 시청자와 작품간의 상호 작용의 예술은 일본의 오랜 전통이었다.[*]

특히 아니메에 영향을 미친 것이 확실한 16세기에서 19세기의 일본의 목판 예술로서, 일본의 전통 목판화는 관람자가 자신이 직접 보고 있는 것보다 더 많은 것을 보고 있다고 믿

[*] Levi, Antonia, Samurai from Outer Space, Open Court, 2001

도록 만드는 데 매우 효과적인 전통을 보이고 있다. 서양 예술 전통이 제한과 구도에 관심을 갖는 것과 달리, 일본의 목판 화가들은 공간에 한정되기를 거부하는 대상을 표현하는 데에서 기쁨을 느꼈다. 예를 들면 하늘을 나르는 연의 그림은 눈에 보이는 연이 등장하지 않고 몇 개의 선만을 그려서 감상자로 하여금 보이는 것보다 더욱 많은 연이 거기에 있다는 사실을 믿도록 처리한다. 어떤 목판화에서는 길이나 다리가 보이지 않는 영역으로 굽이쳐가고, 하나의 강력한 파도가 그것 뒤에 광대한 대양을 암시하고, 북적대는 거리장면은 몇 명의 보이는 사람들로 표현되어 도시의 생명력을 나타내는 것도 있다.

목판화는 그려진 실제보다 더 현실적인 것으로 보이게 만든다. 이것은 화가들이 시선이 갈 만한 곳에 의도적으로 세부묘사와 꼼꼼한 그림자 처리를 함으로써 감상자가 그림 속의 모든 부분이 똑같이 꼼꼼하게 되었다고 생각하게 만들기 때문이다. 그러나 사실은 그렇지 않은 것이다. 이런 기법은 아니메에서도 마찬가지인데, 아니메는 실제로 주요 색깔을 밝게 처리하는 효과를 가지는 전통적인 목판화 예술의 연장이다. 그 전통예술형식만으로 스스로 움직이고 말하고 신호를 보내는 효과를 보인다. 그리고 그런 목판화의 전통방식으로 아니메의 창작자들도 자신만의 전통을 이끌어냈다.

또한 더 크고 우주적인 전체를 표현하기 위한 상징의 사용은 전통 일본예술의 기본적 표현방식이다. 예를 들어, 일본의 정원은 몇 개의 바위와 약간의 거친 모래를 사용하여 광대한 바다 속 섬의 이미지를 창조한다. 꽃은 상징적으로 배열되어 인간적인 것과 자연의 관계에 대한 철학적인 치밀한 아이디어를 나타낼 수 있다. 다도茶道는 닫혀진 공간 안에서 상징적 사회적 순위를 창조해낼 수 있다. 하이쿠 시가時歌는 17개의 조심스럽게 선택된 음절로 복잡한 이미지와 정서를 불러일으킬 수 있다. 그리고 전통적인 목판화는 작고 세부적인 장면으로 그것을 둘러싼 더 큰 장면을 나타낸다. 이것이 일본인들은 상징적 표현을 선호한다고 결론 내리게 하는 것이다.

40. '우주소년 아톰'과 리미티드 기법

일본의 전통연극이라 하면 오랜 역사를 지닌 무악舞樂을 비롯하여 14세기의 노のう/能, 17세기부터의 분라쿠ぶんらく/文樂, 가부키かぶき/歌舞伎 등 공연 형태가 존재해왔다. 노는 쇼군시대(무로마치 막부) 이후, 장군들의 보호를 받으며 무사계급의 공

연예술로 성장해왔다. 반면 인형극의 일종인 분라쿠나 연극
적 성격이 가미된 가부키는 서민 계급의 지지를 바탕으로 한
공연예술이었다.

이런 전통예술면에서도 우리나라와 달리 일본은 좀 더 폭
넓은 인기를 얻고 있어서, 아니메 창작자들은 노, 가부키극과
분라쿠 등의 전통 극예술로부터 다양한 범위의 독특한 형태
의 액션과 연극적 연출을 채택했다. 특히, 드라마의 절정 부
분에서 영웅적 포즈와 마치 정지된 그림과 같은 표현을 사용
하는 것은 일본 아니메를 규정짓는 특징 중 하나로, 이는 명
확하게 전통 공연예술에서 그 뿌리를 찾을 수 있다고 할 수
있다.

일본 아니메 제작기법의 가장 큰 특징인 리미티드Limited 기
법은 1초에 10장 이하의 그림으로 표현함으로써, 제작비 절감
에 획기적 기반이 된 기법이다. 디즈니 애니메이션이 시간 단
위인 1초에 24장을 그림으로 표현하는 기법과 달리, 일본 아
니메는 아톰의 원작자이자 아니메 제작자인 데쓰카 오사무
전후의 열악한 환경 속에서 최초의 TV시리즈인 **우주소년 아**
톰을 연출하면서 제작비용을 아끼기 위하여 창안되었다고 알
려져 있다. 하지만 단지 이 기법이 제작비 절감차원에서 고안
되었다고는 볼 수 없는 일본의 공연예술 전통을 고스란히 반

우주소년 아톰
ⓒ2003 Tezuka
Productions/Sony
Pictures Entertainment
Japan(SPEJ)

영하였다고 볼 수 있다.

또한, 떠돌이 이야기꾼이 이야기와 그림으로 마을 어린이를 즐겁게 해주던 '카미시바이'라는 공연 형식은 아니메로 하여 금 나레이션의 효과적 사용과 옛이야기를 현대적으로 각색하는 능력을 주었다. 아니메는 마지막으로 여성배우로만 구성된 타카라주카극으로부터 감상적인 작풍과 멜로 드라마적인 감각은 물론 이상적인 남성상과 여성상을 가져왔다.

물론, 애니메이션이라는 예술 형식이 갖는 고유의 특징과 성격을 유지하고 있지만, 이 모든 전통적 공연예술 형태로부터 아니메 작가들은 새로운 예술형식을 창조해냈다. 이런 전통의 재창조는 일본의 모든 분야에서도 일관된 사항이지만, 특히 일본 아니메에서 이런 전통적 연출기법은 명확한 특징을 이루고 있는 것이다.

또한, 일본의 대중문화는 연극 같은 배경, 고안된 의상, 과장된 연기, 비사실적인 특수효과라는 독특한 연출기법을 보여주고 있는데, 이는 노, 가부키, 분라쿠, 타카라주카극으로 특징지어지는 판타지적인 전통에서 기인한 것이다. 예를 들어, 구로자와 아키라 감독의 '꿈'이라는 단편영화에서는 주인공 소년은 여우비(일본의 영향으로 우리나라에서도 맑은 날씨에 내리는 약한 비를 지칭할 때 사용하는 표현)가 내리는 날에는 숲 속의 여우가 시집간다는 설화를 듣는다. 그리고 우연히 그 장면을 목도한다. 그 영화 속에서 숲 속의 여우가 시집가는 행렬이 표현된다. 그 장면은 마치 일본의 전통 공연예술인 '노'나 '가부키'가 행해지는 것처럼, 신비한 몽환적 세계를 표현하였다.

영화 속 엉뚱한 장면과의 만남이라는 이런 연출 방식은 일본 영화나 드라마에서 흔히 볼 수 있는 현상인데, 이런 '비현실성'은 전통예술 속에서도 그 뿌리를 찾아볼 수 있다. 남성배우가 연기하는 가부키의 여성 배역은 어느 현실의 여성보다 더 여성다움의 핵심을 잘 보유하고 있고, 타카라주카극에서 남성 배역은 사내다움을, 분라쿠극의 인형(혹은 움직이는 그림)은 사람보다 더 인간다움을 표현하는 것이다. 즉 관객은 이 배우가 여성이 아니라는 것, 또는 남성이라는 것, 또는 사람이 아니라는 것을 인지하고 있다. 하지만 그들은 그 세계를 즐기고 있다. 그리고 오늘날 아니메가 그 기능을 수행하는 것이다.

이 점이 일본인들이 드라마에서 비현실성을 선호하는 이유이다. 전통적인 서양 드라마는 시청자의 마음을 완전히 사로잡고 그들이 보는 것이 정말 일어나는 것이라고 시청자를 설득하려고 시도한다. 이론적으로 시청자와 작품 사이에서 창조된 감정이입이란 완벽한 것으로 현실과 가상의 차이는 일시적으로 상실된다. 반면에, 일본의 드라마는 시청자들이 그들이 보고 있는 것은 비현실적인 것이라는 점을 주지시키고 있다. 일본인들은 그런 비현실성이 개인적이지 않고 보편적이기 때문에 현실성 그 자체보다 더 현실성의 핵심을 잡아낼 수 있다고 주장한다.

이런 해석은 1920년대의 독일의 희곡 작가 베르톨트 브레히트가 고안한 연극이론인 '미적 거리'이론과 유사한데, 일본인들이 가상을 통해 경험하는 것과 일상적 삶의 경험을 잘 혼동하지 않는다는 것을 의미하는 것이다. 이 점이 일본 TV방송에서 엄청나게 많은 폭력장면에도 불구하고 전체적인 사회는 평화적이고 범죄 없는 사회가 되고 있는 이유일 것이다.

41. '겐지 이야기'와 소설 '겐지 이야기'

아니메는 내용과 스타일에서 일본 고전 문학의 전통을 상당히 존중하고 있다. 이런 작품은 TV 시리즈에 특히 많다. 등장인물의 관점에서 볼 때 스토리가 에피소드별로 끊기는, 상당히 정적인 서양 TV드라마와 달리 일본 국내 방송을 위해

만들어진 일본 아니메는 연속적이고, 극적 구성뿐 아니라 등
장인물 위주의 사건전개가 잘 이루어진다. 미국식, 일본식 모
두 각각의 장점을 가지고 있다. 미국의 TV드라마는 장기 방
영 시 더 융통성이 있다. 각각의 에피소드가 그 자체로 완결
적이고 어떤 순서를 가더라도 상관이 없다. 일본프로그램은
어느 정도는 순서를 따라야 한다. 극적구성이 순서를 지켜야
할 뿐 아니라, 등장인물의 변화도 드라마틱해서 이야기를 섞
거나 순서를 바꾼다는 것은 생각할 수도 없다.

　일본 드라마에서 극적 전개보다 등장인물 위주의 접근이
강조되는 현상은 일본 문학을 조금이라도 아는 사람이라면
놀랄 일이 아니다. 이미 이런 방식은 황실의 후원으로 글쓰기
에 몰두할 수 있었던 일본의 궁녀 무라카미 시키부(978~1016)
가 일본 최초의 소설인 겐지 이야기를 썼을 때인 10세기 후반
에 시작되었다. 표면적으로, 겐지 이야기는 매력적이고 바람
둥이인 귀족 남성의 여성편력기와 권선징악에 관한 이야기이
다. 그러나 이 작품이 오래도록 일본인들에게 사랑받는 이유
는 극적 전개에 대한 등장인물들의 개성이 생동감있게 표현
되어 있기 때문이다. 겐지는 단지 욕정에 사로잡힌 카사노바
가 아니다. 겐지가 난잡한 생활을 하게 되는 것은 대부분 그
가 어린 시절 잃어버린 어머니를 찾는 과정에서 발생하는 혼

란에 빠진 외로운 젊은이기 때문이다.

그의 타락은 불가사의할 정도로 친엄마를 닮은 의붓어머니와 에로틱한 상황에 처했을 때 시작되었다. 겐지는 결국 성장하게 되고, 그가 그런 행동을 한 이유는 적어도 그가 무엇을 했는가 만큼 흥미 있고, 등장인물의 성격은 시간이 가면서 변화된다. 그가 영향을 미치는 여성들도 개성이 변화되어 간다.

겐지 이야기(소설)

아니메로 만들어진 **겐지 이야기**(1987)는 시각적으로 아름답고 원작에 충실하다. 현대적 취향에 맞춘 몇 가지 변화가 있다. 겐지는 어린 무라사키에 대해 더 친절하고, 그의 아내에 대해서는 더 거칠게 대한다. 또한 친엄마에 대한 집착에 대한 암시는 그가 어두운 나무 안에 벚꽃을 깊이 감추는 에피소드에서 잘 드러난다. 불행히도, 대개의 외국인 시청자들은 이 작품이 이해하기 어렵다고 느낀다. 이는 부분적으로 자막이 읽기 어렵고, 대부분은 영화가 몽환적이고 부유浮游하는 속성을 가지며, 많은 설명 없이 장면들이 전환되기 때문이다. 우리 시청자는 장면 사이의 간격을 이해하기에 충분할 만큼 원작에 대한 이해가 없다. 일본인 시청자이라면 그런 문제는 없다. '겐지 이야기'는 학교에서 의무적으로 읽도록 된 이야기이다.

아니메 원작이 문학이 아닐 경우 이런 문제는 더욱 명확하게 드러난다. 이런 작품들의 경우 보통 장편 만화를 원작으로 하는데, 아니메는 시청자가 이미 그 만화책을 읽었다고 가정하고 제작되어진다. 그 결과, 아니메에는 등장인물의 특징, 특히 그 특징을 알 수 있는 배경에 관한 결정적인 정보들이 생략된다. 이런 작품에서는 등장인물 위주의 이야기 전개가 아니메의 구성이나 액션만큼이나 비중 있는 부분을 차지하기 때문에 시청자의 이해도에 심각한 문제가 발생될 수 있다.

일본의 문학적 전통은 언제나 깊이 등장인물들의 내면세계를 들여다보는 것이었다. 사무라이 무사 이야기, 중산 계층의 가부키 연애담, 심지어 떠돌이 이야기꾼에 의해 마을에서 마을로 전해지던 대중적 가요까지 등장인물들의 동기는 중요한 요인이었다. 아니메에서도 그렇고, 텔레비전 드라마와 OVA에서 이런 등장인물의 동기는 등장인물이 자기 개성을 발전시키는 데 필요한 시간적 여유를 만들어준다. 또한 아니메에 독특한 도덕적 모호함을 만들어주는 이유가 되기도 한다. 인간이란 시간에 따라 변화하는 것이기 때문에, 어떤 영웅이 녹슬고 있는 동안에 몇몇의 악당은 점점 변화하여 영웅이 되는 것은 자연스러울 뿐이다.

그것은 버블검 크라이시스의 한 에피소드에서 프리스가 좋아하는 젊은 여성인 실비를 죽일 수밖에 없는 상황에 처할 때 명확히 드러난다. 실비는 로봇이었고 살인 프로그램이 이미 내장되어 있었다. 실비는 프리스에게 자신이 더 피해를 입히기 전에 자신을 죽여 달라고 간청한다. 프리스는 어쩔 수 없이 그 임무를 완수했음에도 불구하고, 메시지는 분명하다. 프리스가 아무리 영웅이고 행위가 정당화된다고 하더라도 아무도 누군가를 살인할 자격은 없는 것이다.

등장인물 위주의 이야기 전개가 물론 항상 충격 요법을 택하는 것은 아니다. 란마1/2(1989)의 유머는 비틀어진 엉뚱한 상황과 슬랩스틱 코미디뿐만 아니라, 등장인물들의 개성을 살리는 것에서도 나타난다. 이것은 등장인물들이 모두 비정상적이라는 의미는 아니다. 이 작품에서 설령 란마가 찬물을 뒤집어 쓸 때마다 여성으로 바뀌지 않는다고 하더라도, 말괄량이 같으면서 남자아이를 싫어하는 아카네와 가식 없는 사고뭉치 란마와의 어울릴 것 같지 않은 짝짓기는 충분히 코믹한 요소를 포함하고 있다. 그러나 코믹한 설정도 만약 등장인물의 개성을 잘 살리는 것이 아니라면, 한계를 가질 수밖에 없다. 란마가 장기 방영되면서 오랫동안 사랑받을 수 있었던 이유는 등장인물들의 개성을 개발하는 것뿐만 아니라, 서로간의 관계가 발전되는 데 있다. 그것은 주요 등장인물에 한정되는 것이 아니다. 물론, 아카네와 란마가 서로에 대한 사랑을 서로 인정하게 될 것인가, 말 것인가? 하는 고민을 하게 만드는 것은 시청자를 즐겁게 해주는 요소이다. 그러나 다른 등장인물들도 볼만한 재미를 지닌다. 그 중에는 아카네에 대한 짝사랑이 우정으로 변해가는 류오가가 있다. 또한 전형적인 일본여성의 부드러운 매력으로, 멍청한 토후박사를 포함한 몇 명의 팬을 가지고 있는 카수미가 있다. 카수미는 사랑에 성공할 것인가? 또한 란마에 대한 저돌적인 접근이 실패할 것처럼 보이는 중국의 여전사 샴푸도 있다. 샴푸는 콜라 컵 무술가인 무쓰의 헌신적 사랑을 영원히 인정하지 않을 것인가? 가능성은 끝도 없고, 시리즈도 끝이 없다.

42. '벼랑 위의 포뇨'와 탈아입구脫亞入歐

'미야자키 하야오' 감독의 신작 **벼랑 위의 포뇨**는 **하울의 움직이는 성** 이후 4년 만에 새로이 내놓은 작품으로 일본 팬들의 열광적인 반응 속에 일본 개봉 당시 1,200만 관객이 관람하였고, 우리나라에서도 좋은 반응을 얻은 바 있다.

이 작품이 처음 만들어지게 된 모티브는 **하울의 움직이는**

성 개봉일 전 직원과 함께 떠난 여행에서 미야자키 하야오가 벼랑 위에 우두커니 서서 바다를 보던 한 소년을 우연히 보게 되면서, 감독은 그 풍경 속에서 바다를 바라보는 소년이 만나고 싶은 것은 무엇일까 상상하게 되었다고 한다. 그리고 그 대상이 귀여운 물고기로 정해지면서, 판타지 문학에 충실한 그의 또 하나의 작품으로 탄생되게 된 것이다.

벼랑 위의 포뇨는 바다 여왕의 딸인 소녀 물고기 브룬힐트가 인간세계를 동경하여 바닷가에 왔다가 어선의 어망에 걸리고 가까스로 탈출하다가 바닷가에 사는 소년 소스케와 만나게 되면서 이야기가 시작된다. 이러한 설정은 인간세계를 동경하며 우연히 왕자와 만나게 되는 안데르센의 고전 동화 '인어공주'를 현대적으로 각색한 스토리라인이라는 점을 짐작할 수 있다.

그러나 이 작품이 더욱 빛나는 것은 이야기 속의 주제, 사랑에 대한 책임을 지키는 어린이의 순수한 마음 때문이다. 인어공주라는 고전 속에서는 이루어질 수 없는 사랑 때문에 물거품이 되어버린 인어공주의 비극적 결말을 맞이하지만, 초록색 양동이를 걸어 놓고 포뇨가 다시 찾아오기를 기다리는 소년의 마음에서 현대를 사는 우리 모두가 공감할 수밖에 없는 믿음에 대한 책임이라는 메시지를 판타지 문학적 세계로 표현하여 주고 있다.

미야자키 하야오 감독은 자타가 공인하는 전무후무한 세계 최고의 아니메 연출가다. 2002년 베를린 영화제 최고상인 금곰상 수상, 2003년 아카데미상 장편 아니메 상 수상, 2005년 베니스 국제 영화제 황금사자상 수상 등 감독으로서의 완성도에 대하여는 동시대 최고를 의심할 수 없는 예술가이다.

그가 예술가로서 추구하는 장르를 한마디로 규정한다면, '판타지 어드벤처'라고 할 수 있다. 그의 판타지 어드벤처 장르는 서사적인 구조의 장대한 스타일을 다뤄, 어린이로부터 어른에 이르기까지 폭넓게 즐길 수 있는 작품들을 선보인다. 뛰어난 상상력과 인간과 세상에 대한 통찰력으로 이야기 안에서 진기한 세상을 창조해내는 한편, 그 사회의 독특한 캐릭터들과 현실 사회를 통렬하게 비판하면서, 문명사회의 탐욕과 부패, 위선을 풍자하곤 한다.

그의 작품 중에서 판타지 문학전통을 가장 충실하게 적용한 작품으로 **천공의 성 라퓨타**(1986)를 들 수 있는데, 기술의 발전이 반드시 밝은 미래를 약속하는 것이 아니라, 도덕성에 기초하지 않는 기술을 추구하게 된다면 결국 인류는 그에 대한 대가를 치르게 될 것이라고 경고하는 것이다.

이 작품은 보물섬의 작가 Robert Stevenson의 당당함과 어린왕자의 작가 생텍쥐페리의 섬세함을 자신만의 스타일로 풀어낼 수 있는 미야자키 하야오 감독의 실력을 유감없이 보여주는 작품이다. 이 작품의 구조는 고전 판타지 문학의 관점에서 바라볼 수 있다.

그의 또 다른 명작인 **이웃의 토토로**(1988)에서도 판타지 문학의 특징적인 모습이 나타난다. 특히 주인공 소녀를 태우고 시골길을 달리는 고양이 모양의 버스는 커다란 미소와 눈에 안 보이게 할 수 있는 능력은 이상한 나라의 엘리스에 나오는 체서 고양이와 같다. 이 버스는 여섯 쌍의 다리를 가졌으며, 전깃줄을 따라 달릴 때처럼 정교한 기술이 필요할 때면 앞발과 뒷발을 사용한다. 커다란 눈은 어떤 헤드라이트보다 밝고, 그 보조 장치로 쥐 모양의 분홍색 불빛을 내는 라이트가 꼬리에 달려 있다. 비슷하게 생긴 쥐 모양의 방향 표지판도 앞부분에 달려 있다. 황갈색 줄무늬가 새겨진 겉모습을 하고 있으며, 내부에는 고양이털로 덮인 아늑한 의자를 갖추고 있다. 고양이 버스는 순수한 마음을 가진 사람에게만 보여서 사람들의 머리카락이 날릴 정도로 가까이서 지나갈 때도 있지만 어른들은 이 버스를 보지 못한다. 두 소녀가 고양이 버스를 타는 장면은 C.S 루이스의 판타지 소설 '나니아 연대기'에서 수잔과 루시가 창조주 애슬런의 등을 타고 나니아 나라로 달

리는 장면을 떠올리게 하는 판타지 문학 전통을 보여주는 표
현이다. 그런데 그의 서구적인 판타지 스타일은 일찍이 대학
시절 아동문학클럽의 회원으로 수많은 독서를 통해 서구문
학의 판타지 전통의 세례를 받으면서 구축되어 온 것임은 분
명하다.

그의 작품 세계는 항상 서구적 배경이나 판타지적 세계를
그려왔다. 이는 그가 최초의 연출을 맡은 작품에서부터 지금
까지 작품들을 살펴보면 거의 예외 없이 적용되고 있다. 1978
년작 TV시리즈인 **미래소년 코난**에서는 Alexander Key의 SF
소설을 원작으로 미래 사회를 그리고 있고, 1979년작 극장판
루팡 3세－카리오스트로의 성에서는 유럽의 가상국가를 배경
으로 사건이 전개되며, 1981년작 TV시리즈인 **명탐정 홈즈**는
셜록 홈즈의 소설을 원작으로 하고 있고, 1984년작 극장판 **바
람계곡의 나우시카**에서 역시 중세 유럽국가와 같은 배경으로
미래 사회를 그리고 있으며, 1986년 **천공의 섬 라퓨타**는 증기
기관이 발달되기 시작한 근대 영국 뉴캐슬 지역을 모티브로
하였다. 1988년작 **이웃의 토토로**에서는 전통적 일본을 배경
으로 하고 있지만 내용적으로는 '이상한 나라의 엘리스'와 같
은 완전한 판타지 문학의 세계를 보여주었고, 1989년작 **마녀
배달부 키키**에서는 다시 아름다운 유럽마을을 배경으로 한

수습 마녀인 키키의 모험을 그렸고, 1992년작 **붉은 돼지**에서
는 2차 대전 직후의 이탈리아와 지중해를 배경으로, 하였으
며, 2004년작 **하울의 움직이는 성**은 19세기말 유럽의 가상세
계를 배경으로 하고 있다. 1997년작 **모노노케 히메**와 2001년
작 **센과 치히로의 행방불명**이 예외적으로 일본적 배경을 보여
주고 있지만, 이 작품들 역시 판타지 문학의 특징을 보여주고
있다.

미야자키 하야오의 작품세계는 일본인들이 자신들은 아시
아인이지만, 아시아를 리드하는 아시아의 리더로서 유럽 선진
국과 같은 문화적 지향점을 가지고 있다는 사회 심리를 엿보
게 한다. 이런 심리를 한마디로 요약하면 탈아입구脫亞入歐라
고 할 수 있다. '아시아를 벗어나 유럽에 들어가자'는 의미의
이 용어는 근대 일본의 계몽사상가인 후쿠자와 유키치가 주
창한 근대화 사상으로 현재까지도 일본인들의 가슴 속에 자
리 잡고 있다.

후쿠자와 유키치(1835~1901)는 명문 게이오 기수쿠 대학과
〈시사신보〉라는 신문사 설립자이자, 일본 근대화의 상징적인
존재로 "일본의 양학을 위해, 세상에 어떤 소동이 벌어지건
변란이 발생하건 양학의 명맥을 이어야 한다"고 역설했던 인
물이다. 그는 서구 문명을 익힘으로써 일본이 세계의 선진국

으로 자리 잡을 것을 예언하였고, 일본인들은 10,000엔짜리 화폐에 그의 사진을 넣음으로써 얼마나 일본인들이 그를 중요시하는지 보여주고 있다.

그런데 일본에 후쿠자와가 있다면, 우리 역사에는 선각자인 유길준, 박영효, 김옥균이 있었다. 유길준이 '서유견문'을 쓴 것은 1889년, 후쿠자와가 '서양사정'을 쓴 것은 1866년이며, 김옥균과 박영효가 근대적 정권 수립인 갑신정변을 일으킨 것이 1884년, 일본의 에도 막부가 정권을 돌려준 대정봉환大政奉還(다이세이호칸)이 일어난 것이 1867년이었으므로 일본에 비해 변화의 출발점이 늦은 것은 결코 아니었다고 할 수 있다. 병인양요가 1866년, 일본의 개항이 1853년인 점을 놓고 봐도 그 차이는 미미했다는 것을 알 수 있을 것이다.

다만, 그것을 지탱할만한 사상적 흐름에서 조선이 중화사상의 그늘 아래 있었다면, 일본은 탈아입구라는 사상을 통해 서구문명에 정신적으로 편입되었다는 차이가 있을 뿐이다. 그러나 일본인들은 후쿠자와가 쓴 '서양사정'에 감명을 받았고 서구적 근대화를 진심되게 받아들였고, 그리고 후쿠자와가 게이오 의숙에서 배출한 학생들은 일본의 변혁을 이끌어갔으며 이 사상은 지금까지 일본인의 가슴 속에 자리 잡아 일본의 자긍심으로 역할을 하고 있다.

전통과 서구 근대화가 조화를 이룬 일본의 모습을 가장 잘 드러내는 것이 바로 미야자키 하야오의 작품 세계가 아닌가 생각된다. 그의 작품 속에서 우리는 전통 도깨비와 귀신을 쫓아다니는 기모노를 입은 소녀를 만나게 되는가 하면, 산업혁명 시기 탄광지역의 소년이 하늘을 날 수 있는 돌을 찾아다니는 모습을 볼 수 있다.

미야자키 하야오의 작품이 우리에게 보편적인 호소력을 가지는 이유는 판타지 문학의 전통 위에서 사람과 사람 사이의 관계, 사랑, 명예, 상호 존중의 중요성을 잘 담아내고 있기 때문이다. 하지만 일본인에게 그의 작품세계는 바로 서양문물을 받아들여 일본의 근대화를 역설하고, 세계 선진국으로 일본을 이끈 일본의 사상가 후쿠자와 유키치의 사상과도 같은 맥락에 있다. 미야자키 하야오가 서구 판타지 문학 전통을 받아들여, 아시아라는 지역적 한계를 뛰어넘어 전 세계 어린이에서부터 어른에 이르는 폭넓은 관객층을 아우르는 위대한 작품세계를 창조해낸 탁월한 예술가적 업적을 만들어냈다는 점에서 그는 대중문화의 '후쿠자와 유키치'이다.

8장
과학에
대한
상상력

43. '우주소년 아톰'과 일본 첨단 과학 기술의 꿈

2008년 9월 25일 중국이 유인우주선을 성공적으로 발사함에 따라 아시아 각국의 우주개발전쟁은 공식적인 레이스를 시작한 셈이 되었다. 인도는 2008년 11월 14일 달 탐사선의 달 표면 충돌실험을 성공적으로 마쳤고, 대한민국도 2009년 독자적으로 위성탑재 로켓발사를 추진 중에 있다.

하지만 일본은 일찌감치 우주개발경쟁에서 앞서 있는 나라이다. 일찍이 2차 대전에 전투기를 대량 생산하여 하늘로 진주만을 폭격한 바 있는 일본 항공산업은 탈아입구라는 서구 근대화에 대한 일본인들의 열망을 바탕으로 패전 이후에도 끊임없이 기술개발을 게을리 한 적이 없었다. 일본은 2008년 9월 달 탐사위성 '가구야'를 성공적으로 발사하였으며, 일본 정부 내 우주개발 전략본부 설립과 함께 순식간에 4대의 첩보위성을 생산하고, 우주 태양광 발전소 설립을 추진하는 등 우주개발에 대한 앞선 기술력을 보여주고 있다.

"서기 2003년 전 세계에서 수많은 로봇이 개발돼 인간의 도우미로 활약한다. 아직 이들은 인간의 명령에 따라 움직이는 기계에 지나지 않는다. 그러나 인간의 마음을 간직한 로봇 아톰이 탄생하면서 인간 사회에 파장이 인다. 신기해하는 사람

이 있는가 하면 어떤 사람은 몹시 두려워한다." 1963년 방영
된 **우주소년 아톰**을 통해 그려진 미래상이다.

　로봇은 일본 아니메가 즐겨 다루는 소재이자 장르로 일본
아니메는 끊임없이 새로운 로봇을 탄생시키며 일본의 어린이
들에게 첨단 과학기술에 대한 꿈을 심어주고 있다. 그들 중
일부는 **우주소년 아톰**(1963) 같은 귀여운 인간형 로봇으로, 일
부는 **마징가Z**와 같은 거대 로봇으로 탄생되었다. 그리고 이
작품들은 단순히 오락적인 결과물로 끝나는 것이 아니라, 일
본인들의 미래에 대한 비전이 되어 오늘날 일본의 첨단과학
기술발전이라는 결실로 돌아오게 되었다.

　우리가 흔히 자동차 회사로만 알고 있는 도요타, 혼다는
모두 로봇사업의 최선두 업체이다. **우주소년 아톰**을 제작한
데쯔카 오사무의 예측과 맞아 떨어진 서기 2000년 '아시모
ASIMO'라는 인간형 로봇을 선보인 혼다는 그 기술적 진보가
가히 SF 소설의 수준에 근접했다는 평가를 받고 있다. 아시
모는 두발로 자연스러운 동작으로 보행하는 로봇으로 유명한
데, 시속 6㎞의 속도를 낼 수 있으며, 2006년부터 사이타마埼
玉현 와코和光에 있는 혼다 사무실에서 손님을 접대하는 일을
하고 있다고 하니 정말 **우주소년 아톰**의 재현이 아닐 수 없
다. 2007년 '바이올린 켜는 로봇'을 발표한 도요타는 다양한

기능의 로봇을 발표해내고 있다.

도요타와 혼다는 로봇산업뿐 아니라, 항공우주산업에도 진출하여 중형 여객기 분야에서 다시 불꽃 튀는 경쟁을 벌이고 있다. 도요타의 항공산업 진출은 '항공산업에서 신新성장 동력을 찾겠다'는 일본 자동차 업계의 의지가 반영된 것으로 보인다. 일본 정부는 항공기산업이 자동차·전자산업에 이어 일본경제를 부양하는 데 제3의 첨단산업으로 보고 큰 효과를 예상하고 있다. 도요타는 미쯔비시 중공업과 함께 70~90인승 중형여객기 'MRJ(Mitsubishi Regional Jet)' 개발사업을 진행하고 있고, 혼다는 7~8인승 비즈니스용 제트기 '혼다제트 Honda Jet'사업을 진행하여 2010년에 첫 제품이 출하될 예정이다.

일본 자동차 회사들이 이미 2차 대전 때 전투기를 제작했던 회사들이라는 점을 생각해 볼 때, 그들의 항공우주산업 진출은 결코 놀라운 일이 아니다. 우리나라가 안창남이 비행기를 조종했다고 환호하던 시대에 일본인들은 이미 2차 대전에 사용될 전투기를 개발하고 있었던 과거의 기술적 격차는 일제 패망 이후 50여 년이 흐른 지금에도 변하지 않고 있음이 뼈저리게 느껴진다. 2차 대전의 패전에도 불구하고, 2차 대전의 군수물자를 담당하며 조선인의 강제노동과 일제의 지원으로 성장했던 일본의 대기업들의 산업 기반은 파괴되지 않고 이어진 것이다.

이렇듯 일본의 공상과학 아니메는 단순한 장난감사업이나 아이들의 오락거리에 그치는 것이 아니라, 역사적 배경과 스토리상의 타당한 설정을 바탕으로 매우 개연성 있게 디자인됨에 따라, 그 아니메를 보고 자라는 일본의 어린이들에게 첨단로봇과학에 대한 꿈과 희망을 키워줌으로써, 이들이 커서 다시 연구원으로 직접 로봇산업에 뛰어드는 선순환의 구조를 만들어 내고 있다. 일본 사회가 로봇과학과 우주과학에서 우리를 앞서나가고 있는 현실에서, 우리 기성세대들은 어떻게 우리 어린이들이 로봇과학과 우주과학에 대한 꿈을 키워나갈 수 있도록 이들을 격려해주어야 할 것인가 함께 반성해보아야 한다. 공상과학 아니메가 그런 기여를 할 수 있도록 함께 고민해보았으면 하는 바람이 든다.

44. '아미티지 III'와 로봇의 제3법칙

휴머노이드Humanoid란 인간을 닮은 로봇이다. 특히 초창기 휴머노이드의 대표 캐릭터인 **우주소년 아톰**은 우리나라에도 많은 사랑을 받은 바 있는 데쯔카 오사무 원작, 데쯔카 오사무 제작, 데쯔카 오사무 연출로 만들어진 작품이다.

우주소년 아톰은 많은 사람들에게 어린 시절의 향수로 남아 있어서, 나이가 들어서도 자신이 타던 낡은 차나 작은 기계들과 작별을 고할 때 인간 같은 느낌으로 그 물건들을 대하게 만들기도 한다. 아톰은 몸이 금속으로 만들어졌다거나 초인적 힘을 가지고 있는 존재가 아니다. 그러나 인공 심장을 달고 있기 때문에 작품 후반부에 우주소년 아톰이 완벽한 인간의 감정을 갖지 못하여 인간의 다양한 감정을 원하고 있다는 상황 설정을 보여준다. 그러나 우주소년 아톰은 마치 감정이 있는 것처럼 행동한다. 그리고 아톰은 그런 한계로 인하여 더욱 상처를 입곤 한다. 그 점이 아톰을 더욱 사랑스러운 존재로 만든다. 1960년대에는 일본인이나 우리들은 모두 미래에 인류는 자연의 작품을 재창조할 수 있을 것이라고 믿었고, 아마도 인간형 로봇이 더 뛰어날지도 모른다는 믿음을 가졌던 점에서 일본인의 공상 과학적 상상력은 우리가 깊이 배워야 할 만한 것이다.

하지만 우주소년 아톰 같은 로봇들, 다소 인간처럼 보이고 행동하는 로봇들은 요즘 아니메에서는 드물다. 그리고 그 이후에 제작된 로봇 아니메에 나오는 로봇의 인간성은 단순히 사랑하고 사랑 받기를 원했던 **우주소년 아톰**보다 훨씬 더 복잡한 것이다.

휴머노이드(1986)의 여주인공 앙투아네트는 그렇지 않다. 앙투아네트는 명백히 로봇이다. 여성 같은 생김새에도 불구하고 얼굴 생김새는 순수 크롬(광택 있는 금속)이다. 그리고 정신도 논리적일 뿐이고, 감정이 없는 기계 같아 보인다. 그러나 그것은 단순히 연륜이 부족한 때문이라는 것이 밝혀진다. 앙투아네트가 나이를 먹으면서, 그녀는 감정을 배우고 복종하지 않는 법을 배운다. 그녀가 행성을 구하기 위한 최종적인 희생을 만들 때, 그녀는 혼수상태를 유발할 정도로 감정적이 된다.

아미티지 III(1994)에서 로봇은 완전히 인공적인 기계 인간이지만, 그녀는 섬세하고 불안한 심리를 가진 위험한 젊은 여성처럼 보이고 행동하고 느낀다. 그녀를 닮은 진보된 다른 로봇들도 마찬가지다. 그들은 기계라기보다 개선된 인류 같다. 이 로봇들은, 1)로봇은 인간을 해칠 수 없고 활동하지 않음을 통해 인간이 상처 입도록 해서는 안 된다거나, 2)그런 명령이 1법칙을 위반할 때를 제외하고 인간에 의해 주어진 명령을 복종해야 한다거나, 3)로봇은 1, 2 법칙과 충돌하지 않는 한 자신

아미티지 III ⓒ1994
AIC/Pioneer LDC

을 보호해야 한다는 '아이삭 아시모프의 로봇 3법칙'과는 전혀 맞지가 않는 것 같다. 로봇 스스로의 생존이 가장 우선시된다. 로봇의 제3법칙을 어기고 있는 그들은 인간도 아니다. 그렇다면 그들은 무엇인가?

아미티지 III(1994)에서는 '섹스'를 위한 목적의 로봇이 도입된다. 이 작품에서 여성 로봇은 섹스 토이, 팬티를 입지 않은 여승무원, 고분고분한 첩, 경박하게 웃는 뉴스걸newsgirl이다. 그들은 머리 한편에 금속 버튼을 가지고 있어서, 남자들은 이 로봇들이 싫증날 때에는 언제든지 꺼버릴 수 있도록 되어있다. 어느 등장인물이 말했듯이, 화성은 여성 중심의 사회가 아니다. 이 모든 것에 대한 예외가 아미티지와 그녀의 '3세대' 동료들이다. 그들은 마지막으로 조립된 한 명을 제외하고는 모두 여성이며, 그 나머지 한 명은 성장이 멈춘 사춘기이전의 소년이다. '제3세대'의 목적은 섹스다. 그들은 씨받이로 설계되었다. 그들은 짐작컨대 인간남성과 섹스하여 자식을 낳을 수 있도록 설계된 로봇들이다. 그러나 '3세대'라는 말은 다른 의미를 가지고 있다. 이 여성로봇들은 가수, 예술가, 작가 등의 직업을 갖는 매우 창조적인 여성들이다. 그들은 자신 스스로를 위한 삶을 만든다. 그들은 또한 독신일 수 있다. 이것은 한 가지 문제점을 남긴다. 인간이 그들을 죽이려 하고, 대부분, 성공한다. 아미티지는 살아남지만 몹시 감상적인 점 때문에 사랑과 모성에 결국 굴복당하고 마는데, 이는 지배적인 부권 사회밖에서 살려고 시도하는 것이 화성의 '3세대'들에게는 결코 성공할 수 없다는 것을 분명히 보여주고 있는 일이다.*

45. '파워레인져'와 변신 전투복의 활약

우리나라에서도 큰 인기를 끌고 있는 **파워 레인져** 시리즈는 특수효과 촬영물이란 의미의 특촬물 장르의 작품이다. 이런 작품들은 협의의 의미에서 애니메이션은 아니지만, 광의의 범주에 들어가는데, 이유는 아니메를 제작하는 동일한 회사가 제작하는 경우가 많고, 사업적인 면에서 완구 상품을 염두에 둔 기획이라든지, 스토리상에서 아니메와 동일한 구조를 가진다든지 하는 이유에서이다. 실제로 일본에서 특촬물을 만드는 회사들은 아니메사업을 하는 완구사들과 함께 하는 경우가 대부분이다.

이런 스타일의 특촬물에서는 5명의 대원들이 합체를 해서

* Levi, Antonia, Samurai from Outer Space, Open Court, 2001

하나의 큰 로봇을 형성하는 설정이 많다. 사실 성인의 시각에서 본다면 인간이 합체가 되어 로봇이 된다는 이 희한한 설정은 어른들이 생각할 때는 받아들이기 어려운 황당한 이야기이지만, 어린이들에게 그런 모습은 자연스러운 합체로 받아들여진다. 우리나라에서 무적의 용사 파워 레인저의 인기를 볼 때 이 점은 의심의 여지가 없어 보인다. 일본 아니메산업의 역사에서 이 합체야말로 많은 완구사에게 돈을 벌어다 주어 아니메산업이 발전하게 해준 효자 상품이 아닐 수 없다.

파워레인저
ⓒToei Animation

파워 레인져에서는 '메가조드Megazord'라는 이름의 합체로봇이 등장한다. 5명의 용사들이 조합되어 완성되는 '메가조드'는 무장한 사무라이의 형태를 취한 거대한 전투로봇이다. 파워 레인져들은 가슴에 있는 조종실에서 움직임을 지시한다. 메가조드 자신은 부르면 달려오는 정도 이상의 지능을 가진 것 같지는 않다. 그것은 완전히 기계 자체로 단순한 메카이다.

파워 레인져 용사들이 입는 의상은 최근 서태지가 자신의 백댄서 의상으로 사용하기도 하였는데, 실제로 이런 복장을 입는다는 것은 슈퍼맨 의상을 입고 다니는 것처럼 쑥스러운 일일 것이다. 그런데 아니메에서는 여성들도 이런 몸에 붙는 의상을 소화해야 한다. 버블검 크라이시스에서 기사 기병들이 입는 전투복은 여기저기에 금속 장식의 갑옷으로 된 몸에 딱 붙고, 구두 굽이 높은 스타일의 복장이다. 이 전투복을 착용함으로써, 여성은 남성과 전사로서 동등해지는 효과를 갖는 것이다.

46. '패트레이버'와 메카

우리에게 친숙한 마징가Z나 로봇 태권V는 모두 일본에서 '메카'라고 불리는 대형로봇류 아니메이다. 기계류를 의미하는 영어 단어 Mechanic의 일본식 약어인 '메카'에는 우리에게도 잘 알려진 철인28호, 마징가Z, 그랜다이져, 마크로스, 건담 등이 포함된다. 우리나라에서도 이 거대 로봇 아니메의 인기가 높아서, 1970년대 우리나라 창작 아니메의 스타였던 로봇 태권V 역시, 마징가Z의 영향을 받았지만, 한국적 특징을 통해 원조 로봇인 마징가Z를 뛰어넘는 스타성을 확보한 케이스라고 할 수 있다.

아니메에서 보여진 대개의 메카는 실제로 거대한 힘을 가진 외부 골격인, 장갑용 철판이지만 인간이나 혹은 한 팀의 다른 인간에 의해 조종된다. 메카의 효능은 반드시 크기에 비례하는 것은 아니다. 전형적인 아니메 전투복은 로봇처럼 보인다. 유일한 차이점은 로봇은 전형적인 스타일이 보통 가슴 부근 어딘가에 있는 명령의자를 포함한다는 것이다. 조종사는 많은 다양한 선으로 연결되어 있어서 로봇이 그의 동작을 복제, 증폭시키게 한다는 것이다.

이런 로봇에서는 인간이 어떤 식으로든 거대한 로봇을 조종하는 역할을 맡게 된다. 예를 들어, 건버스터(1988)는 젊은 여성들이 자신이 만드는 동작이 100배로 증폭되는 거대한 우주 로봇을 조종하는 훈련을 받는 우주 여자고등학교에서 시작한다. 여주인공 타카야 노리코는 모범생은 아니었지만, 노력 끝에 마침내 두 명의 조종사가 필요한 시험 모델인 건버스터에 배치된다. 노리코의 파트너는 아름답고 능력있는 여성인 아마노 카주미이다. 그 이후로 건버스터는 개인적, 직업적 삶 사이의 균형을 이뤄가며 살아가는 이 두 여성의 관계를 주로 조명하고 있다. 노리코와 카주미가 확실히 건버스터가 폭파되고 자신들은 생존의 가능성도 있는 자살특공대를 준비하면서, 노리코가 건버스터에게 사과하는 장면이 나오지만, 실제로 건버스터 그 자체는 실제적인 인간적 개성이 없다.

오시이 마모루 감독이 포함된 창작집단 헤드기어의 원작을 바탕으로 제작된 TV시리즈 패트레이버(1989)는 거대 로봇의

구현이 현실감 있게 이뤄진 점으로 유명한 작품이
다. '레이버'라고 불리는 거대한 건설 로봇은 스스로
의 의지가 없다. 그들은 인간에 의해 조종되는 기계
이다. 그래서 첫 번째 패트레이버 영화에서 레이버들
이 통제를 벗어날 때, 경찰은 그들을 조종하는 인간
범죄용의자를 찾으려 했고 한명을 발견했다. 미친 듯
이 날뛰는 레이버들을 정지시키기 위해서는 그들은

패트레이버(1989)
ⓒHeadgear/Emotion/TFC

첫 번째 장소에서 문제를 야기했던 바이러스에 감염되었을지
도 모를 다른 로봇을 이용하여야 한다. 그것은 신경을 파괴
시키는 행위일 수 있지만, 로봇 자신이 비난받아야 하는 것은
아니다. 그것들은 인간이 아니기 때문이다. 단지 메카이다.

　어떤 팬들은 너트, 볼트, 기어와 같은 복고적 디자인을 좋
아하는 취향을 가지는데, 기신병단 같은 작품은 이런 복고적
스타일을 잘 구현해내고 있다. 기신병단은 중일전쟁으로 일
본이 만주를 침략하던 시대적 배경에서 일본이 외계인들과
대결하게 된다는 황당한 설정의 작품이다. 이 작품은 제국주
의시대 일본이 만주를 배경으로 싸운다는 설정상 특히 우리
나라에서는 터부시되는 작품이었지만, 이 작품 속에 등장하
는 로봇의 디자인만큼은 멋진 복고적 디자인을 보여준다. 기
신병단 로봇은 완벽하게 맞아 떨어지는 기어, 볼트의 연결, 수

동 조작으로 이루어진 아르데코 스타일의 걸작품이다. 이 로
봇들은 조종 승무원이 탑승하는 고전적 로봇 형태를 취하고
있을 뿐 아니라, 기타 다른 기계류 역시 모두 같은 복고적 디
자인을 공유한다. 물론 이 작품이 1940년대를 사실 그대로
묘사한 것은 아니지만, 디자인만큼은 당시의 시대적 배경과
상상이 잘 조화된 설정이다.

또 다른 복고적 로봇류로 자이언트 로보의 경우는 미래 사
회를 배경으로 하고 있다. 이 작품에서 미래 사회는 완벽한
에너지원인 '시주마 드라이브'의 발명으로 크게 변화되어 있
는 것으로 설정된다. 하지만 범죄 조직이 시주마 드라이브의
제조 방법을 파악하여 전 세계를 위협할 수도 있다는 가정하
에 미래 사회 당시로서는 낡은 기술인 핵에너지로 동력을 얻
는 로봇인 자이언트 로보를 만들게 되고, 이 로봇이 악당의
위협으로부터 인류를 구출해 줄 존재가 된다. 이에 따라 이
로봇은 볼트와 너트로 연결된 빨간색과 회색의 금속으로 이
루어진 거대한 덩어리로 다른 배경 디자인과 어울리지 않게
구식을 의도적으로 표현하였다. 로봇의 조종자인 '다이수케'
라는 소년은 로봇의 머리 옆에 연결된 금속 난간을 타고 어
깨 위에 올라가 매달리는 형태로 탑승하여 탑승방식조차 어
딘지 아날로그적 이미지를 풍긴다. 자이언트 로보는 심지어

실내 조종실도 가지고 있지 않고 조종자는 안테나가 달린 손목시계를 사용하여 로봇과 교신하게 되어 있다.

　자이언트 로보에 등장하는 또 하나의 복고적인 메카가 있다. 주인공들이 시주마 드라이브 구축함을 저지하는 데 사용하는 레이저 빔은 화려한 장식과 색깔의 큰 백열전구로 만들어진다. 원작 만화가는 뮤지컬 록키 호러 픽쳐 쇼에서 영감을 받았다고 이야기하지만, 1800년대 말의 복고적 분위기를 잘 나타낸다. 건물 역시 투박하게 비스듬히 잘라진 유리와 반구 천정으로 된 크고 화려한 구조를 이루는 복고적 디자인을 보여준다. 심지어 등장인물의 의상도 복고적이어서 여자 주인공인 진레이는 전투복을 일상복으로 중국식 옆트임 드레스를 입는다. 물론, 이 작품에 등장하는 모든 것은 수동 조작을 필요로 하는데 바로 그 점이 사람이 조종하는 구식 메카의 일반적인 요소이자 첨단 로봇에 비교되는 구식 메카만의 매력 포인트라고 생각한다.

47. '은하철도 999'와 영원한 생명

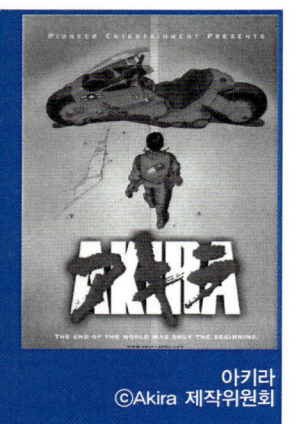

아키라
ⓒAkira 제작위원회

우리나라에서도 황우석 박사의 사례는 엄청난 사회적 파장을 일으키며, 생명공학의 위험성을 우리 사회에 경고하는 계기가 되었었다. 흔히 공상과학에서 나오는 동물과 인간의 잡종의 출현이라는 끔찍한 인류의 미래상 역시 일본 아니메에서는 이미 80년대부터 소재로 채택되어왔다. 오토모 가쓰히로의 SF만화를 원작으로, 원작자 오토모 가쓰히로가 감독이 되어 직접 연출한 아키라(1988)에서는 유전자 조작의 위험성을 경고하면서, 미래 인류 사회의 어두운 모습을 그리고 있다.

아키라의 이야기 구성은 인간과 인공지능을 조합하는 것의 위험성을 경고하는 SF아니메의 일반적인 전형성을 인식하고 있다. 아키라의 세계는 아니메 속의 많은 미래적인 디스토피아(반이상향)의 전형적인 공간이다. 핵전쟁은 지구를 황폐화시키고 폭력배들은 거리를 지배한다. 젊은 폭력배 멤버인 테츠오가 초감각적인 잠재력을 그의 마음속에서 풀어준, 아키라라고 불리우는 인공적으로 창조된 유전변이를 우연히 마주치기 전까지 상황은 최악이었다. 그 후 상황은 더 악화된다. 인간과 인공적인 정신간의 혼합은 아니메에서는 절대로 바람직한 것으로 표현되지 않으며 아키라도 예외는 아니다. 테츠오의 마음속에 나타나는 아키라 패턴의 부활에 자신의 생존을 의지하는 다른 돌연변이들은 그를 혼동시키기 위한 텔레파시 능력을 사용하지만, 그를 막을 수는 없다. 테츠오는 마음속에서 시작되려고 하는 변화와 대항할 수 없다. 결국 그는 완전히 폭발해버리고 사라져버린다. 아키라 패턴이 인간을 위해 무엇을 성취하려고 했는지 알 수 없다.

아키라의 원작 만화가인 오오또모 가츠히로는 미래 사회에서 만약 인간과 기계가 결합하게 되면 극단적으로 어떤 결과를 가져올 수 있는가에 대하여는 노인 Z(1991)의 작가로 참여하여 그 충격적 미래를 잘 그려주었다. 작품 속 주인공인 타카자와씨는 죽을 날을 하루하루 기다리는 평범한 노인이다. 그런데 어찌 된 일인지 그는 군대의 프로그램 장비와 연결된 로봇보조 시스템으로 연결되면서, 힘 없는 노인은 무엇이든지 자신이 원하면 얻을 수 있는 존재로 변하게 된다. 그 결과 평소에 그리워하던 죽은 부인과 하루동안 다시 만나고 싶다는 인간적 소원은 노인의 죽은 부인의 역할을 사이보그가 하게 되면서 노인의 소원을 실현하려는 컴퓨터의 말 그대로 컴퓨터의 기계적 명령에 의하여 어처구니없는 대량 살상으로 확대되고 만다. 뉴스를 통해 접하게 되는 생명공의 빠른 성장 앞에서 우리는 누구나 만약 인공지능과 유전공학이 건전한 인류 사회의 통제를 벗어나게 됐을 때 발생될 미래에 대하여 깊은 두려움을 가지게 되는데, 아키라 같은 SF아니메에서 보여지는 일본인들의 우려는 우리보다 앞서서 그런 미래에 대하여 심각하게 우려하여 온 것으로 보인다.

장기 이식이라는 주제는 섬세하고도 본원적 질문을 던지는 일본인들에게 가장 민감한 이슈 중 하나인데, 장기 이식에 관한 그들의 반대는 논리적면에서 그리고 유교적, 신도적 문화 전통에 근거하여 매우 적극적이라고 할 수 있다.

영원한 생명이라는 주제를 다룬 일본 SF만화의 거장 마츠모토 레이지는 사람들이 자신의 영혼을 기계에 담아서 영원한 생명을 얻는다는 불안한 미래를 은하철도 999에서 표현한 바 있다. 그의 작품에서 영원한 생명을 얻은 인간들은 모두 인간다움을 잃어가는 모습을 보인다.

은하철도 999 ©
1978 Toei Animation

주인공 철이도 엄마의 소원에 따라 영원한 생명을 찾아 안드로메다로 떠나지만 은하철도 999를 타고 떠나는 여행길에서 만나게 되는 많은 기계인간을 보면서 인간성을 잃어버리고 후회하는 그들의 모습에서 영원한 생명을 얻는 것이 인간에게 과연 도움이 되는 것인가에 대하여 회의적으로 바라볼 수 있게 된다.

  우리는 일본을 세계 최고의 '로봇왕국'으로서 높이 평가해
왔지만, 일본인들은 아니메를 통해 인공 지능, 로봇, 유전공학,
인공신체에 대한 과학문명의 발전이 가져올 미래에 대하여 깊
이 있는 인식과 우려를 가지고 있다는 것을 분명히 보여주었
다. 이제 미래 과학문명에 대한 비판적 시각은 우리 모두 함
께 고민해야 할 문제가 되고 있다.

9장
여성관

48. '베르사이유의 장미'와 소녀 만화의 영향

일본 만화는 우리 만화와 마찬가지로 성별에 따라 스타일이 구분된다. 소년 만화(쇼넨망가)는 액션에 치중하는 데 비해서 소녀 만화(쇼죠망가)는 감정에 치중한다. 소년 만화가 전쟁, 스포츠, 섹스, 때때로 비즈니스 경쟁에 초점이 맞춰진다면, 소녀 만화는 로맨스와 예체능에 초점이 맞춰진다. 소년 만화는 극적 구성은 강하지만, 캐릭터의 완성도는 약하다. 소녀 만화는 극적 구성은 약하지만, 캐릭터에 대한 묘사가 강하다.

극소수의 경우를 제외하고는 일본에서 아니메는 만화를 원작으로 만들어진다. 그리고 초창기의 만화는 곧 소년 만화(쇼넨망가)를 의미했다. 초기 일본 만화는 모두 남성 어린이들이 좋아할만한 모험이나 코미디들이 주를 이루었다. 그리고 소년 만화의 발전과 더불어, 데쯔카 오사무가 **우주소년 아톰**과 같은 TV시리즈를 만들었던 1960~70년대 성장기를 거쳐, **드래곤 볼**, **슬램덩크** 등 초대형 만화 원작의 아니메 작품들이 나오면서 비약적인 발전을 거듭해오고 있다. 이런 작품들의 배경에는 소년 만화의 저력이 뒷받침하고 있다는 사실을 간과할 수 없다.

1960년대 들어오면서 점차로 여자 어린이를 대상으로 하는 만화가 등장하기 시작하였다. 그러나 이런 작품들은 처음에는 일본 여성들조차 적응하기가 어려웠다. 최초의 소녀 만화들은 심지어 여성에 의해 씌어지지도 않았다. 소녀 만화는 자신이 상상하는 모습대로 소녀와 여성을 묘사한 남성 작가들에 의해 종종 엉망이 되곤 했다.

우리에게 잘 알려진 소년 만화로는 마징가Z, 은하철도 999, 허리케인 죠, 나루토, 유희왕, 드래곤 볼과 같은 일반적이고 대중적인 일본 아니메 작품들이 모두 포함된다. 따라서 소년 만화의 역사는 곧 일본 만화의 역사이다. 그리고 일본 만화의 역사는 곧 만화잡지의 역사였다.

1959년 일본의 대표적인 출판사인 고단샤, 쇼각칸이 각각 '주간 소년선데이', '주간 소년매거진'을 창간하면서 주간지는 만화전쟁의 중심지로 부각되었다. 당시의 대표적인 소년 만화 작가로는 우주소년 아톰을 그린 테즈카 오사무와 사이보그 009의 이시노모리 쇼타로 등 일본 만화계의 기라성 같은 거인들이었다.

게다가 쇼각칸의 자회사인 슈에이샤는 이 두 주간지보다 늦게 만화 주간지 '주간 소년 점프'를 출간하면서, 무려 주간 판매량 653만 부라는 최대판매기록을 세우기까지 하였을 정도였다. 우리나라 잡지의 최고 발행 기록이 약 40만 부 정도

이고, 만화 잡지로는 전성기 때의 '아이큐 점프'가 20만 부였다는 점을 감안하면, '소년 점프'의 기록은 일본이 만화라는 문화의 최전성기를 달리며 쌓아올린 전인미답의 금자탑이라고 할 수 있을 것이다. 소년 점프를 통해 연재된 작품들이 우리가 알고 있는 초히트 인기 작품인 마징가Z, 북두의 권, 시티헌터, 근육맨, Dr.슬럼프, 드래곤 볼, 슬램덩크, 고스트 바둑왕, 데스노트, 원피스, 나루토와 같은 작품들이라는 점을 생각해 보면, '소년 점프'에 대한 경외감마저 들 정도 이다.

소년 만화는 주로 작품 속 주인공들이 서구의 위대한 판타지 문학 속 주인공처럼, 거대한 상황과 모험에 처하여 그 위기를 슬기롭게 이겨내면서, 성장해나가는 이야기 구조를 담고 있다는 점에서 미야자키 하야오의 작품 역시 일본 소년 만화의 영향 아래 있다고 할 수 있다. 또한, 그가 아니메계에 입문하기 전, 만화가 지망생으로서 소년 만화류의 작품을 그려보던 시절을 겪었던 사실에서, 그의 작품세계를 통해 관통하는 판타지의 세계가 일본 소년 만화에 많은 영향을 받았다는 것을 짐작케 한다.

초기의 소녀 만화는 감정과 개인적 관계에 초점을 맞추는 대신, 구성력은 조금 떨어졌었다. 하지만 눈은 어마어마하게 커서 거의 아무 사건이 일어나지 않았다고 하더라도 등장인물의 눈을 보고 스토리의 분위기를 알 수 있을 정도였다.

그러나 존재한다는 것이 어쨌든 전혀 없는 것보다는 나았기 때문에 일본의 소녀들은 출판사가 내놓는 소녀 만화를 사서 읽게 되었다. 소녀 만화는 급속히 확장되어 일본 가판대의 단골메뉴가 되었다. 소녀 만화를 읽고 자란 소녀들은 자신들이 더 잘 그릴 수 있을 것이라는 기대를 하며 성장하였다.

그들이 바로 일본 최초의 여성 만화가가 된 것이다. 1960년대라는 짧은 과도기를 거쳐, 초기 작가들이 새로운 여성 만화라는 장르를 개척하였다. 그리고 소녀 만화는 마침내 모든 일본 만화와 아니메를 변화시키기 시작했다. 감정과 개인적 관계는 아직도 중요하지만, 극적인 구성도 동등하게 중요해졌다. 소년들과 마찬가지로 소녀들도 만화에 약간의 액션이 들어가기를 원했고, 소녀 만화를 그리는 여성 작가들은 소녀와 여성들이 등장하는 스토리를 만들고자 하였다.

그것이 문제를 야기했다. 여성 일본 만화 작가 1세대는 서양적 의미에서 페미니스트가 아니었거나 혹은 그렇다고 하더라도, 그것을 뛰어넘는 무언가가 있었다. 여성 작가들은 완전히 전통적인 성향을 가진 것은 아니었다. 만약 전통적이었다면 그들은 직업조차 갖지 못했을 것이다. 1960년대 일본에서는 말이다. 그러나 여성의 권리에 대한 작가의 개인적 견해에도 불구하고 여성 작가들은 독자의 입맛을 고려해야만 했다. 아마도 더 중요하게 고려했던 것은 독자들의 부모였을 것이다.

결과적으로, 여성 작가의 소녀 만화는 우선 서양이라고 불리는 미지의 땅의, 특히 역사적 실재하는 공간을 소재로 다뤘다. 저 미지의 땅에서, 여성들은 강하고 성취적이었다. 그들은 아직도 로맨스를 위해서 살았지만, 흥미 있고 신나는 삶을 만들었다. 종종 여주인공들은 여성에게 불가능한 것처럼 보이는 것을 성취하기 위해 남성으로 변장을 하기도 했다. 심지어 그들이 짝사랑했던 남자들이 오히려 여성적 외모를 가졌다. 그들은 어느 여성 못지않게 빛나는 큰 눈을 가지고 있는 예쁜 남성들이다.

이 남자들은 어느 정도 로맨틱하고 이야기 상대가 되며, 위협적이지 않은 것으로 특징지어지는 보편적 사춘기 여성의 상상의 산물이다. 그러나 이런 설명은 간단한 대중심리학적 설명일 뿐, 일본인들에게 흔히 그런 것처럼 실제 이유는 그보다 복잡하다. 초기 소녀 만화 속 남성들이 닮은 것은 단지 이상화된 남성이 아니라, 타카라주카극의 남성 역할 연기자의 모습이다. 타카라주카극은 일본에 독특한 형태의 여성극이다. 타카라주카극은 거의 10대 여성 시청자만을 만족시켰으며, 스타는 항상 남성 역할을 하는 배우의 몫이다. 실제로 많은 일본인 소녀들의 첫사랑의 대상은 극 중의 남성 역할이었다. 일본인 부모들은 이것을 동성애의 상징으로 보지 않았다. 성장기의 자연스런 부분이며, 많은 부모들은 어린 소녀의 첫사랑의 대상이 남성보다 여성이라면 더 안심할 수 있고 '순수'하다고 여겼다. 그리고 타카라주카극와 소녀 만화 사이의 가까운 관계가 발전되었다. 1960년대와 1970년대 초반에 아니메가 아직 대중적이 되기 이전, 대중적인 소녀 만화는 아니메보다는 타카라주카극에서 드라마틱한 형태를 찾으려 했다.

이 두 가지 대중예술은 서로에게 영향을 주었고 새 장르를 만들었다. 타카라주카극은 가슴을 설레게 하는 자극적인 요소와 우리의 외형을 창조하는 메이크업 요소를 사용하는 서양식 촌극을 연행하곤 했다. 아니메로 제작된 베르사이유의 장미(1979) 같은 연극은 베스트셀러 일본 만화를 원작으로 처음부터 끝까지 혁명기 프랑스에서 상류계급의 칼을 든 여성을 주인공으로 할 정도였다. 그러나 타카라주카 또한 일본 여성이 종종 남자로 변장하여 특별하고 강한 역할을 수행하는 일본 드라마의 오랜 전통을 지니고 있었다. 그들은 또한 일본 전통의 사무라이 설화에 많은 영웅담과 양성애적 로맨스를 가진 아름다운 여성적 젊은 남자인 미소년(비쇼넨)을 묘사하

베르사이유의 장미
ⒸLiyoko Ikeda/TMS

247

는 데 전문적이었다.

이런 흐름은 일본적인 주제와 영웅을 도입하기 시작한 소녀 만화에 충격을 주었다. 소녀 만화는 중심인물이 여성임에도 불구하고 점진적으로 극적 구조에서 남성용 일본 만화를 닮기 시작했다. 소녀 만화를 통해 이제 여고 배구단의 주장이 어떤 남성보다 중요하고 존경 받는 여성들의 이상향이 될 수 있었다. 여전사들은 전 여성멤버들과 함께, 별을 향해 발사된 불행한 우주선을 구하기 위해 탑승하고, 사랑에 빠진 여성은 남자를 쟁취하기 위해 저돌적으로 나아간다. 때때로 일본 만화 속 여성은 이런 목적을 달성하기 위해 변장을 하고 살아야 했지만, 적어도 더 이상 우리가 되어야 할 필요는 없었다.

나아가 소녀 만화들은 심각한 여성의 이슈를 다루기 시작하였다. 귀절환(1994)은 강간이라는 민감한 이슈를 다룬 작품이다. 작가는 강간의 충격과 위험에 대하여 과소평가하지 않지만, 많은 페미니스트들이 정치적으로 잘못된 방식이라고 공격할만한 방식으로 표현하였다. 한편에서, 강간 피해자의 분노와 고통은 사람 잡아먹는 괴물 도깨비를 지하에서 끌어올린다. 거대한 괴물 도깨비는 범인을 공격하고 여자를 구출한다. 그러나 그 괴물은 여자도 공격하기 시작한다. 이것은 귀절환에서 흔한 주제이다. 공격받고, 희롱당하고, 차별받을 때 여성들이 느끼는 분노는 자연적이고 타당할지 모르지만, 그들을 제압할 악을 불러들이고는 결국 스스로도 그 희생자가 되고 만다. 만화가 타카하시 루미코는 래핑 타겟(1987)에서 걸신을 불러 강간 기도범들을 처벌하려다가, 결국 그녀 자신도 그 귀신에게 희생이 된다는 줄거리를 만든 바 있다.

49. '신비한 바다의 나디아'와 큰 눈

왜 일본 아니메 속의 주인공들은 큰 눈과 높은 코를 가지고 있는 것일까? 이 캐릭터들은 일본인으로서의 특징과 코카서스인의 외양이 합쳐진 것으로 누구나 한번쯤은 '만화 속 주인공들이 왜 이런 외모를 가지게 된 것이냐?'고 궁금증을 가져본 적이 있을 것이다. 이런 특징은 바로 소녀 만화의 영향에서 온 것이다. 처음에는 서양인을 묘사하는 것이 계기가 된 이런 캐릭터의 패턴은 이제는 일본 아니메를 대표하는 명확한 디자인이 되고 만 것이다.

현대 일본인에게 아니메 주인공의 크고 둥근 눈과 다양한 머리색은 더 이상 등장인물의 민족적 특성을 의미하는 것이 아니게 되었다. 그런 눈은 희망으로 반짝이고 눈물로 얼룩지거나 사랑으로 녹을 수 있다. 때때로 눈이 너무 반짝인다. 시끌별 녀석들의 '소녀 눈 홍역의 공격'편에서 작가는 이런 눈을 개그의 대상으로 표현하기도 하였다. 그런 눈은 또한 급격하게 빛을 잃고 평범한 눈으로 돌아오기도 한다. 등장인물의 커다란 눈망울은 간단히 말하자면, 아니메의 유연함으로도 표현하기 어려운 감정을 잘 표현해주는 수단이다. 그런 표현이 오늘날 아니메에서 감수성이 있거나 독자가 동일시하게 되는 캐릭터가 다른 캐릭터보다 더 큰 눈을 가지게 하는 것으로 표현되고 있다. 그리고 여성의 눈이 일반적으로 남성보다 크다. 그러나 절대적으로 그것에 의지할 필요는 없다. 작가들마다의 개인적 스타일과 특징이 있기 때문이다.

등장인물마다 다른 머리카락 색깔을 주는 표현방식도 초기 소녀 만화에서 나온다. 초기 소녀 만화는 서양인을 묘사하는데 관심이 있었을 뿐 아니라, 복잡한 감정을 묘사하는 데도 관심이 있었다. 만화는 상징적인 배경과 무늬를 화려하게 장식하곤 했다. 예를 들어 포옹한 커플 위에 겹쳐지는 커다란 파도는 오르가즘의 섬세한 제시일 수 있고, 꽃을 그려 넣는 것은 활짝 핀 사랑을 가리킬 수 있다. 배경은 종종 등장인물의 생각과 기억을 가리킨다. 또한 등장인물들을 겹치거나 나란히 배치하는 것은 그들의 관계를 전달하는 방법으로 사용된다.

그런 복잡한 의미를 전달하기 위해 소녀 만화는 그림자와 명암대비에 매우 의존하게 되었다. 실제대로 모든 일본인의 머리색깔을 검게 묘사하는 것은 미학적으로는 서투른 짓이다. 결과적으로 한 인물을 까맣게 묘사한다면, 다른 인물은 어두운 톤으로 머리카락을 묘사하거나 선만으로 묘사하였다. 일본 만화의 흑백 페이지에서는 흑백만으로도 분명히 자기 스타일을 보여주었지만, 아니메가 보여주는 컬러의 세계에서 머리색은 금발, 빨간색 등 다양한 색으로 표현된다. 예를 들어 자줏빛, 핑크색, 초록색 등 다른 색도 때때로 쓰인다. 물론 요즘은 그런 머리색은 실제로 동경시내에서도 볼 수 있다.

이렇게 말하는 것이 머리색이 완전히 의미 없는 것이라는 것은 아니다. 인구의 대부분이 검은 머리인 나라에서 있을 수 있듯이, 색깔은 긍정적인 함축을 가진다. 다른 머리색은 안전한 사람이라는 것이 확인될 때까지 일단 의심스러운 것이다. 모든 검은 머리 캐릭터가 완전하지는 않지만, 다른 머리색보다 동일시 할 수 있고 더 전통적인 일본인에게 적합하다. 남자가 여자로 변신하는 코미디 작품인 란마1/2에서 머리색깔의 지정은 매우 중요하다. 소년으로서 란마는 짙은 검은색 머리이다. 소녀로 변하면, 란마는 작고 곡선미가 있고 정말로 예쁜 가슴을 가지게 될 뿐 아니라, 빨강머리가 된다. 머리색깔의 변화는 단지 두 사람을 다르게 만드는 것을 도와줄 뿐 아니라, 또한 어느 쪽이 원래 란마인가라는 점을 은근히 암시하는 것이다. 아카네(서로 인정하지 않지만 란마의 진실한 사랑인)는 선머슴 같고 쿵후로 거칠게 사랑을 표현함에도 불구하고 짙은 검은 머리색을 하고 있어 근본적으로 건전하고 믿을만하다는 것을 나타낸다. 물론 스스로 '흑장미'라고 스타일을 정한 쿠노 코다치 또한 긴 검은 머리를 하지만, 그것은 너무 도드라진 감이 있는 검정색이다. 실은 그녀의 전체적인 성격 자체가, 전통적 일본 여성으로서는 너무 튀는 스타일인 것이다. 코다치는 항상 빈정거리는 성격이다. 새끼돼지로 변하는 영원한 방랑자 젊은이 료와 오리로 변하는 중국 무술인인 무쓰 또한 검은 머리를 가지고 있다.

이 캐릭터들은 모두 특이한 존재일 뿐 아니라, 무쓰는 심지어 일본인도 아니다. 물론 이것은 절대적 규칙이 아니라 한 작가의 작품마다 달라질 수도 있다. 그러나 금발에 주의하라! 금발은 악령이거나 혹은 말썽을 일으킬 것이라는 표시이다. 익스플로러 우먼 레이(1989)에서 도벽이 있는 고고학자, 리그는 키가 큰 금발의 부드러운 남자이다. 또한 그는 유럽인으로 표현된다. **데빌 맨**(1972)에서 친절하고 착한 급우들(대부분은 검은 머리이다)을 꼬셔서 악령에게 동화시키는 냉철하고 무정한 젊은이인 류오 아수카의 경우는 유럽인이 아닌 경우이다. 다른 기이한 면과 잘 어울리는 그의 금발머리는 악령에 신들릴 때, 완전히 지배되지 않을 정도로 순수하지 않다는 자신의 설명에 믿음을 준다. **프로젝트 A-ko**(1986)에서 그렇게나 많은 경쟁을 야기했던, A-ko의 친구인 C-ko는 너무 순진해서 세상물정을 몰라서 언제나 A-ko가 챙겨줘야 하는 캐릭터인데, C-ko가 금발머리라는 점은 젊은이들이 금발로 염색하는 것이 자연스런 일본 사회에서는 C-ko가 서양인이라는 점을 의미하는 것은 아니다. 오히려 C-ko가 톡톡 튀는 엉뚱함을 가진 여학생이라는 점을 시청자들에게 전달하고자 사용되었다고 할 수 있다.

서양인 캐릭터가 작품에서 묘사될 때에는 디자이너는 주근깨, 기이하게 생긴 커다란 코 등의 민족적 특질을 조금 더 보탠다. 일본 만화에서 영어와 같은 외래어는 음절로 사용되는 카타카나로 보통 표시한다. 아니메에서 외국어는 눈에 띄는 악센트로 구분한다. 그 특징은 보통 더빙판에서는 완전히 사라지고 오리지널 사운드 트랙이 아직 남아있는 경우일지라도 일본어를 완벽히 알아듣는 경우가 아니라면, 구분하기가 어렵다. 예를 들어 **사일런트 뫼비우스**(1991)의 '키디 페닐'이나 **익스플로러 우먼 레이**(1989)의 '리그'처럼 서양식 이름을 등장 인물에 적용하는 것은, 꼭 그 인물이 서양인이라는 의미가 아 니라 시청자들에게 그 인물이 무언가 독특한 성격을 가진다 는 것을 전달하는 목적으로 사용하는 것이다. 많은 아니메가 SF이고 일본인 이름을 외국인 혹은 외계인에게 연결시키는 경우가 많기 때문에(혹은 그 반대일 수도 있고) 상황은 더 복잡 해진다. 이는 뚜렷이 구분되는 다민족, 다성격의 등장인물 설 정이 특징인 **마크로스 플러스**에서 확실히 볼 수 있다.

환상적이거나 미래적인 작품에서도, 외모에서의 인종적 특 징이 주된 관심사가 되는 것은 아니다. 관심사가 된다 하더라 도 중요한 변수가 되지는 못한다. **신비한 바다의 나디아**(1990) 에서 미래의 프랑스 어느 지역의 서커스 단원으로 살아가는 여주인공인 나디아가 과연 어느 민족인가라는 질문은 정말 애매한 것이다. 나디아는 자신이 무언가 다른 사람들과는 다 르다는 것을 알지만, 인도에서 왔는지, 아프리카에서 왔는지 확신하지 못한다. 나디아는 정말 어느 민족인지 애매한 외모 를 가지고 있다. 짙은 갈색 피부에 이국적 옷을 입고 있지만, 생김새는 정확히 유럽인이다. 대부분의 아니메 캐릭터와 같 이, 나디아는 어떤 민족도 닮지 않았다. 얼굴은 큰 눈에 계란

신비한 바다의
나디아
ⓒNHK

형이고 코는 귀엽게 뾰족한 곡선을 이루며 작은 입을 가지고
있다. 이는 최소한 구성요소만 남긴 기본적인 인간의 얼굴이
다. 그녀는 운이 좋다. 일본 애니메이터가 얼굴을 아프리카인
이나 인도인의 것으로 혹은 아랍인이나 아메리카 인디안 혹
은 동아시아의 그 누구라도 사실적으로 그렸다면, 결과는 종
종 기이한 형태로 나오기 때문이다.

　오늘의 아니메에서는 소년 만화나 소녀 만화로 스타일이 확
실히 구분되는 경우가 드물다. 가능한 다양한 시청자층을 끌
기 위해 프로듀서들은 두 세계에 양다리를 걸치길 좋아한다.
그런 작품들은 점점 더 많아지고 있다.

　소녀 만화의 범위도 꾸준히 확대되고 있다. 1980년대에는
쇼조少女라는 용어는 더 이상 소녀가 아니었다. 몇몇 작품은
아직도 소녀들을 위한 것이었지만, 소년 만화와 마찬가지로,
분명히 더 성숙한 독자를 위한 것이 되어갔다. 소녀 만화는
사생아, 근친상간, 유산流産 등과 같은 논쟁을 야기하는 소
재들을 다루게 되었다. 몇몇 작품은 아직도 접근 자체는 눈
에 띄게 여성적이고 분석적이며 에로틱하고 호기심에 가득
차고, 혹은 동정적인 시각이었으며, 남성과 남성들의 삶에 대
한 측면들에만 관심을 가졌다. 비쇼넨 만화美少年 漫畫라 불리
는 장르는 남자 동성애 연애담에 초점이 맞춰지도록 발전했

다. 대개의 우리는 이 작품들은 남성 동성애 독자층을 겨냥한 것이라고 짐작했지만 그렇지는 않다. 이 작품들은 주로 이성애적인 소녀와 숙녀들만을 위해 만들어진 작품이다. 또한 점진적으로 여성 작가들은 현존하는 남녀 관계를 비판하는 주제를 도입하기 시작했고 남녀 관계는 달라질 수도 있다고 제시했다. 인기작품 란마1/2에서는 젊은 남자가 찬물을 끼얹어질 때마다 여자로 변하는 사태에 빠지는 것으로 설정하여 남녀 관계를 유머스럽게 표현되었다. 말할 필요도 없이, 란마는 여성으로의 경험을 통하여 그가 알지 못했던 성차별과 원치 않는 남성의 음흉한 시선이 얼마나 괴로운 일인가를 배우게 된다. 클램프CLAMP라고 부르는 4명의 새로운 여성 작가 집단도, 남성 작가가 만화를 통해 여성을 묘사할 때 그러하듯이 성전聖傳(1991)에서 남성 인물을 여성스럽게 묘사했다.

1970년대 말과 1980년대 초반, 남성용과 여성용의 구분은 점점 모호해지기 시작했다. 소년과 성인 남자들은 공개적으로 소녀 만화를 읽었고, 여성들도 소년 만화를 읽기 시작했다. 이러한 경향은 미국 메이저 방송사의 지도층들이 '소녀들은 남성 영웅에 동일시하지만, 소년들은 여성 스타의 프로그램을 시청하지 않으려 하기 때문에 강한 여주인공이 나오는 어린이 프로그램을 만들 수 없다'는 주장과 모순되는 현상이다. 어쨌든 일본의 소년들에게는 그런 문제점이 없었다. 그리고 **이웃의 토토로**(1988) 같은 어린이 명작의 성공으로 판단해 본다면, 정상적인 아이라면 여성 영웅을 꺼리지 않는다는 것을 알 수 있다.

1980년대에 남성용, 여성용 만화의 스타일도 합쳐지기 시작했다. 소년 만화에서 눈은 더 커지고, 소녀 만화에서는 눈이 작아졌다. 소년 만화는 심지어 주역이 될 정도의 중요 역할을 여성에게 맡기게 되었다. 소녀 만화에서는 남성 캐릭터가 때때로 그런 역할을 하게 되었다. 1980년대 중반에는, 두 만화 장르의 차이점이 많이 좁혀져서 어느 회사가 출판했는가를 살펴보기 전에는 구분이 되지 않았다. 작가의 이름을 안다고 하더라도 그 작가가 다른 성격의 작품을 할 수 있기 때문에, 도움이 안 될 정도이다.

아니메와 만화와 함께 자란 새로운 세대는 일본대중문화를 통해 한 가지를 배웠다. 문화를 어떻게 빌리는가를 배운 것이다. 시장에서 번역된 아니메와 만화의 범위를 늘리는 것에 덧붙여, 서양의 대중문화는 그 수입된 일본문화의 영향력을 느끼기 시작하고 있다.

50. '꽃보다 남자'와 하이틴 로맨스

얼마 전 드라마 꽃보다 남자가 가히 신드롬이라고 할 정도로 최고의 인기를 누린 바 있다. 원작 만화인 '꽃보다 남자花より男子'는 만화가 카미오 요코가 1992년부터 슈에이샤의 소녀 만화 격주간지 〈마가렛〉에 연재가 시작된 이후 2004년 36권으로 완결된다. 이 제목은 '금강산도 식후경'이란 뜻인 일본 속담 '꽃보다 경단花より団子'에서 따왔다고 한다. 만화가 완결되기 전, 만화의 인기에 힘입어 1995년 영화화된 바 있으며 다시 1996년에는 제작사 도에이, 광고대행사 ADK가 마이니치 방송과 TV시리즈 51편을 공동제작했고, 1997년 아니메 영화로 제작된다. 그러나 그 때까지만 해도 원작 만화의 연재가 마무리 되지 않아 이야기가 어정쩡하게 흘러가 원작 만화의 큰 인기에 비하여 그다지 큰 성공을 거두지는 못하였다.

본격적으로 우리나라에서 이 작품이 인기를 모으기 시작한 것은 2001년 대만에서 제작된 TV드라마의 영향이었다. 대만은 2차 대전 일제의 점령이 끝난 후에도 일본 대중문화에 대한 우호적 관계를 유지하여 왔는데, 이는 원래 대만인들은 중국으로부터 독립적인 성향을 가지고 있어서 상대적으로 2차 대전 당시 일본의 점령 역사에 대한 거부감도 우리나라와

는 달리 적었기 때문이라고 한다. 그 결과 대만에서는 다양한
일본 대중문화가 거부감 없이 인기를 끌어오고 있어서 일본
만화나 아니메도 일찍이 유행하기 시작하였으며, 일본 만화를
원작으로 한 TV드라마들도 꾸준히 만들어지고 있다. 이를 테
면 화양소년소녀, 마르스, 타로 이야기, 그리고 꽃보다 남자가
그 예이다. 꽃보다 남자는 대만 CTS방송국에서 유성화원流星
花園이라는 제목으로 드라마화 되었는데 좋은 반응을 보였고,
이 성공에 힘입어 2기가 기존의 원작 이후의 이야기를 창작
하여 제작되었는데, 이 기획이 의외의 대성공을 만들어냈다.
그 결과 만화 '꽃보다 남자'는 F4가 대학생이 된 후의 이야기
를 다루는 대만 드라마 2기의 스토리라인을 그대로 살려 연
재를 하게 되었다는 비하인드 스토리가 있었다. 2차 저작물
이 새로운 줄거리를 만들어 다시 1차 저작물이 그 이야기를
받아서 창작하는 경우는 매우 드문데, 이는 원작자와 2차 저
작물 창작자간의 유연한 협력이 있었기 때문에 가능한 것이
라고 생각된다.

대만판에서 F4를 연기했던 언승욱, 주유민, 오건호, 주효천
은 드라마의 폭발적인 인기로 인해, 아예 F4라는 그룹을 결성
해서 가수로 데뷔하였다. 대만 드라마의 성공에 힘입어 일본
에서도 2005년 1차 드라마화가 되었고, 다시 2007년 꽃보다

남자 리턴즈라는 이름으로 다시 드라마로 제작되었고 그 여세를 몰아 한국에서 그룹 에이트의 제작으로 2009년 KBS에 방영되어 30%를 넘는 시청률을 기록하면서 흥행대박을 터뜨렸다. 그 결과, 일반적으로 시청률이 낮은 KBS2의 월화 드라마 시간대로서는 2년만에 처음으로, 경제불황이 지속되는 가운데에서도 광고물량이 완전판매되는 기록을 세우기도 하였다.

작품의 줄거리는 마키노 츠쿠시(금잔디)는 평범한 가정에서 자라 평범한 중학교를 다녔지만 어머니의 허영심으로 명문 에이토쿠 학원(신화고등학교)에 입학하는데, F4라고 불리우는 인기절정의 4인조 남학생들의 횡포에 정의롭게 맞서게 되며 그중의 한 명인 츠카사(구준표)에게 사랑을 느끼게 된다는 이야기이다. 물론, 꽃보다 남자의 이야기 속 학교는 어느 나라에나 있을 법한 초 상류층 사립학교로서, 신데렐라 스토리, 자살, 왕따, 납치 등 자극적인 소재를 등장시켜 청소년층으로부터 폭발적인 반응을 얻을 수 있었다.

드라마의 자극적인 소재 외에도 어머니의 허영심 때문에 평범한 집안의 여주인공이 비싼 사립학교에 다니게 된다는 작품 속 설정은 최근 우리나라의 과도한 교육열과 묘하게 맞아떨어지면서 경제불황 속 소비자에게 공감대를 넓힐 수 있었

꽃보다 남자
ⓒYoko Kamio/
Shueisha/ABC/Toei
Animation

던 것으로 분석된다. 또한 현실성보다는 만화적 상상력을 추구하는 '꽃보다 남자'는 경제불황 속에서 어려운 현실을 잠시 잊고 싶어하는 10, 20대 시청자들은 물론, 그동안 리얼리티 드라마에 식상해 했던 시청자들에게 색다른 느낌으로 인기를 얻고 있다고 분석된다. 경제가 어려울 때는 사람들은 더 방송을 많이 본다는 말이 있다. 그리고 여성들에게는 립스틱과 미니스커트 판매가 더 잘된다는 속설이 있다. 모두 답답한 현실을 잠시 잊어버리고자 하는 소비자 심리 때문이다. 바로 현실을 잠시 망각하고자 하는 소비자 심리가 꽃보다 남자라는 동화 속 이야기에도 통하였던 것이다.

특히 이런 류의 작품은 여성층을 타깃으로 하는 로맨틱 코미디라는 장르이면서, 동시에 10대 여학생을 타깃으로 하는 하이틴 로맨스 장르로 구분된다. 이런 작품에서는 백마 탄 왕자를 짝사랑하는 여주인공이 신데렐라 같은 변신을 통해 왕자님의 사랑을 받으며 다른 여성들의 질투를 한 몸에 받으며 행복해진다는 줄거리를 가진다. 여성들은 대체로 스트레스를 받으면 초콜릿, 사탕 같은 달콤한 무언가로 돌파구를 찾는 경향이 있기 때문에. 경제불황기에 신데렐라 스토리의 로맨틱 코미디는 더욱 좋은 반응을 얻을 가능성이 높다.

그런데 로맨틱 코미디류 아니메에서는 크리스마스라든지,

밸런타인데이 등의 서구 풍습이 자연스럽게 등장한다. 밸런타인데이도 원래 서구에서는 사랑하는 사람에게 작은 선물을 주는 날이지만, 일본에서는 여성이 자신이 짝사랑하는 남성에게 사랑의 감정을 고백하면서 초콜릿을 선물하는 날로 바뀌었는데, 크리스마스와 함께 가장 로맨틱한 날이기 때문에 대개의 로맨틱 코미디 장르의 아니메라면 이런 장면이 한번쯤은 나오곤 한다. 그리고 이 풍습은 우리나라 초콜릿 업체의 상술에 따라 우리나라에 상륙하여 아직도 매년 초콜릿 판매를 도와주고 있다.

문화라는 것은 쉽게 바뀌어지지 않는 것이기 때문에, 밸런타인데이에 초콜렛 주는 풍습을 바꿔, 견우직녀가 만나는 단오절에 떡을 선물로 주자는 식의 주장을 한다면 떡으로 얼굴을 얻어맞을 앞뒤가 맞지 않는 우스꽝스러운 이야기가 될 것이다. 하지만 밸런타인데이나 크리스마스와 같은 서구 풍습이 원래의 취지를 살리면서도 좀 더 우리 실정에 맞도록 바꿔나가자는 운동을 함께 펼쳐보는 것은 일본과 같이 서구 문화를 받아들인 아시아인으로서 의미 있는 일일 듯하다.

51. '메종일각'과 페미니즘

일본 만화나 아니메 속에서 여성은 남성과 마찬가지로 영
웅이 될 수 있다. 일본 사회에서의 가부장적인 남녀 관계를
생각할 때 여성이 불평등한 관계로 반영될 것이라고 생각하
는 팬들에게는 이 사실은 종종 의외로 다가올 것이다. 사실,
이와 같은 생각을 하게 되는 것은 두 가지 잘못된 전제를 하
고 있기 때문이다. 첫 번째 오류는 아니메가 현대 일본 사회
를 그대로 표현하고 있다는 착각, 둘째는 일본 여성이 서구
사회의 여성보다 더 억압되었다는 것이다. 어느 쪽도 사실이
아니다.

아니메에서 강한 여성 캐릭터가 창조되는 것은 서구 문화
에서보다는 쉬운 편이다. 일본의 종교적, 세속적 전통은 서구
보다 훨씬 더 많은 여성이 지도자로서의 역할을 가지고 있다.
그리고 19세기의 몇몇 변화에도 불구하고, 현대 일본 여성들
은 전통적인 가치들을 간직하고 있다.

대부분의 우리들의 예상과 달리, 일본 여성들이 서구 사회
에서보다 억압되어 있다고는 볼 수 없다. 그렇다고 그들이 보
다 자유롭다는 것도 아니다. 단지 서로가 다른 방식에 놓여
있을 뿐이라는 것이다. 그러한 억압의 세계는 어느 사회에서

나 수치로 잴 수 있는 것이 아니다. 더구나 여성의 역할은 세계 어디에서나 급속히 변하고 있다. 그리고 미디어는 전반적으로 변화에 초점을 맞추고 전통적인 여성의 역할에 대하여 무시하려고 하는 경향이 있다.

하지만 이런 미디어의 경향과 달리, 일본에서는 아직도 전통적인 여성 역할에 여성의 주요 근거가 있다. 서양에서 여성은 정치적 경제적 힘과 지위를 훨씬 더 많이 가지고 있지만 아내와 어머니로서의 전통적인 역할을 택하는 서양 여성의 운명은 전혀 만족스럽지 못하다. 서양의 가정주부 대부분은 일본인 주부에게는 당연히 여겨지는 어떤 종류의 권한에 대하여는 꿈도 꾸지 못한다. 전통적인 일본 여성은 가족들의 생활비를 통제하고 남편의 용돈을 결정하고 대부분의 구매를 책임지고 아이들의 양육과 교육을 책임진다. 그들은 결혼 후에도 서양과 달리 자신의 원래 성씨를 그대로 사용하며 또한, 경우에 따라서는 남편과 아이들에게 성을 물려주기도 한다. 더구나 일본의 여성들은 전통적인 역할을 수행하는 것을 매우 자랑스럽게 생각한다. 이것은 단순한 사회적 규범의 문제가 아니다. 이런 전통적인 역할을 수행하는 여성들이 종종 지방정치(경우에 따라서는 그 이상의)에서 중심적인 역할을 맡곤 한다.

아니메에서 남성들의 세세한 삶까지 표현되지 않는 것처럼 여성들의 삶 역시 세세히 표현되지 않는다. 만화가 타카하시 루미코는 **란마1/2**에서 '카수미의 부엌 편'을 가지고 여성의 세세한 삶을 표현하려고 시도했는데, 일반적으로 일본 만화나 아니메는 전통적인 여성 역할에 대해 실제적이고 감정적이며 지적인 이미지를 부여하고자 한다.

불행히도, 여성이 자신의 전통적 역할에 대하여 어떻게 느끼는가라는 질문에 대하여는 아니메로 만들어진 적이 거의 없는 순수 소녀 만화에서 그 해답을 찾을 수 있다. 소녀 만화들이 주로 로맨스와 구애에 초점을 맞추는 것임에도 불구하고 이 책들은 현대 일본 소녀들이 결혼과 책임을 진지하게 생각하고 있다는 사실에 대하여 많은 점들을 알려준다. **메종일각**(1986)이란 작품에서 주인공 '교코'가 자신의 미래를 젊은 미망인으로 꿈꾸는 대목에서 현대 일본 소녀들의 결혼에 대한 관념을 어느 정도 찾아볼 수 있다. 교코는 경제적, 사회적으로 안정된 상태임에도 불구하고, 무언가 만족스럽지 못하다는 것을 깨닫는다. 섹스와 연애라는 자발적인 동기가 결혼을 하도록 격려하는 역할을 하지만, 사회적 압력과 일상적 삶에서 둘러싼 동기들 또한 결혼제도에 작용하는 것이다.

인고의 세월을 보내거나, 극성스런 일본의 엄마들에 대한

메종일각

많은 표현이 일본의 미디어에서 나타난다. 그런 어머니의 이미지는 많은 면에서 서양 사회에서의 유태인 어머니와 유사한데, 그렇지만 말이 많은 스타일은 아니다. 일본의 어머니는 정확함과 직업윤리로 유명하지만, 언제나 스트레스를 푸는 방법은 가라오케와 호스티스 바뿐인 남편들이 불러주는 감상적인 노래들에서 위안을 받고, 자녀교육에 지나친 과열로 욕을 먹기도 한다. 자녀들과 남편들은 주부로서, 어머니로서 일본 여성에 대하여 사랑하면서도 두려워한다. 그것은 어머니들이 가정 내에서 권력을 가지고 있기 때문에 치러야 할 대가인 것이다.

그러나 아니메의 세계에서는, 어머니들은 좀 더 그리워하고 추모하는 대상이 된다. 왜냐하면 아니메는 본질적으로 젊은 세대들을 위한 것이므로, 젊은이들 그리고 젊었던 시절에 대한 좋은 추억을 가지고 있는 시청자를 대상으로 하기 때문이다. 이런 점 때문에 실제와 달리 일본 여성의 극성스럽게 참견하는 성질이 작품 속에서는 잘 표현되지 않는 것이다.

만화가들은 어머니에 대하여 좀 더 긍정적으로 묘사하길 바라는 독자의 요구를 잘 알고 있다. 만화가 다카하시 루미코는 란마1/2과 같은 자신의 히트작들을 통해서 일반적인 10대의 이미지와 차이점을 가진 엉뚱하고 나약한 청소년들의 모습을 재미있게 보여주고 있다. 예를 들어, 첫 번째 극장용 란마 영화에서 쿠노는 '사춘기'라는 글자가 머리 위에 쓰여지고, 태양 빛이 그 뒤에서 환히 비치는 가운데, 자세를 취하고서 명백히 재앙에 대항하여 갱 조직원들의 선두에 서 있도록 하였다. 그러나 이런 날카로운 풍자가 가능한 작가조차 엄마에 대하여는 가급적 손을 대려고 하지 않는다. 란마1/2(1989)에서 란마의 엄마는 보통 모습을 보이지 않고, 란마의 이웃인 '텐도'네 엄마는 이야기 전개에 편리하도록 돌아가신 것으로 처리된다. 그 점이 란마1/2의 전반적인 분위기를 결정짓는 요인이다. 강하고 책임감 있는 엄마의 등장은 이 작품의 코미디 같은 분위기를 망칠 것이다.

이 사실은 란마1/2의 란마의 엄마가 마침내 모습을 드러낼 때 완전히 밝혀지고, 모두에게 작가가 작품 시작 전에 주인공 란마의 약혼녀인 텐도의 엄마가 왜 없는 것으로 설정되었는가 하는 이유를 잘 보여준다. 텐도네 집이 할아버지, 아빠와 아들 하나, 딸 셋으로 구성되어 있는 한, 혼돈스럽고 오해를 발생시킬 수 있는 코미디적 설정이 가능하기 때문이다. 사오토메 부인의 도착으로, 이 모든 코미디적 설정은 사라진다. 남편과 아들은 (아빠는 팬더곰으로, 아들은 여자의) 저주받은 형태로 변신하여 몰래 사라짐에도 불구하고, 사오토메 부인은 조

화와 질서를 회복할 수 있다. 바로 그런 조화와 질서가 란마
1/2 같은 코미디에는 필요치 않은 요소인 것이다.

이것은 왜 아니메에서 대부분, 엄마들이 돌아가신 것으로
설정되는가라는 점에 대하여 여성혐오증보다는 정확한 분석
이라고 생각한다. 엄마가 등장하여 주변을 맴도는 것보다는
엄마는 돌아가신 것으로 설정하는 것이 재미있게 이야기를
전개하기에 편한 것이다. 엄마들은 나타나지 않는 것이 낫다.
만약 등장한다고 하더라도, 가장 재미없는 인물인 아버지의
수준으로 나타날 위험을 감수해야 한다. 이것이 시끌별 녀석
들에서 아타루의 엄마에게 일어난 일이다. 아타루의 아버지
는 대부분의 시간을 신문이나 읽으면서 때우는 주눅 든 사람
인데, 이는 아니메에서뿐 아니라, 실사 드라마, 그리고 소설에
서도 매우 전형적인 일본의 아버지상을 표현한 것이다. 대부
분 아버지의 별 볼일 없는 역할은 강한 엄마와 균형을 맞춘
다. 시끌별 녀석들 같은 코미디에서 그런 균형은 아무도 원하
지 않는 것이다. 결과적으로 모로보시 부인도 악령에 사로잡
힌 아들을 절망적으로 바라보고 "나는 절대로 이런 아들을
낳으면 안 되었어"라고 흐느껴 우는 것이다.

그럼에도 불구하고, 아니메에서 어머니의 역할이 꼭 자리
에 누워있다거나 집에 있지 않은 것으로 설정되는 것은 아니

다. 어머니는 스스로 전통적 역할을 포기하려고만 한다면 개인적으로 강한 여성상이 되고 직장여성이 될 수도 있다. 그러나 이로 말미암아 더 나쁜 상황이 초래될 수도 있는 것이다. 현재 일본에서 직업을 가지면서도 가정을 유지하는 여성들이 점점 늘어가고 있음에도 불구하고, 일본 사회는 아직도 이 역할들을 모호하게 바라보고 있다. 직장여성으로서의 어머니들은 일부 코미디에서는 재미있는 역할로 등장한다. 아니메에서는 엄마가 직장을 다니는 것으로 많이 표현되는데 이것은 집을 자주 비우게 만들어 극에 개입하는 일을 줄이기 위해서이기도 하며, 동시에 이미 그런 역할 자체가 재미있는 캐릭터로 표현될 수 있기 때문이다.

52. '비너스 전기'와 남성중심의 여성관

일찍이 일본에서는 아니메산업이 성인 영화로 기능을 해왔다. 물론 성인물은 일본에서 아니메만의 장르인 것은 아니다. 영화 역시 성인물이 꾸준히 제작되어 온 나라이기 때문에 아니메에서 성인물이 한 분야를 차지하고 있다는 것도 놀라운 일은 아니다.

　　최근에 우리나라에도 합법적으로 들어오게 된 가벼운 노출을 보여주는 장르에서부터 완전 성인물에 이르기까지 일본의 성인물 영화 시장은 꾸준하게 시장을 유지해왔다. 때문에 성인물만을 만드는 회사가 다수 존재했는가 하면 성인물은 큰 돈벌이로서 꾸준히 DVD코너의 스테디셀러로 자리잡아오고 있다. 일본인들이 볼 때에는 그런 관음증을 산업화하는 자신들에 비하여 음성적으로 즐기는 한국인들을 아마 더 조롱할지 모르지만, 성인물을 애니메이션으로 만드는 산업을 가진 전 세계의 유일한 나라인 일본을 생각해보면, 우리로서는 희한한 나라라는 생각을 가지지 않을 수 없다.

　　물론 이런 작품들은 우리나라에 합법적으로 유통될 수는 없다. 영상물 등급위원회에서 이런 등급 외 작품에 대하여는 허가를 내지 않으며 방송도 되지 않고, 영화도 허가되지 않기 때문이다. 90년대 이른바 애니메이션이 하나의 대안문화로 음성적으로 거래되던 시절, 필자도 아니메를 찾아 보며 공부하던 중 **골든보이**(1995)와 같은 작품들에서 우연히 뜻밖의 강도 높은 노출 장면을 보고 당황했던 적이 한두 번이 아니었다. 이 작품의 만화 원작자인 에가와 타츠야는 여자 친구의 아버지로부터 "자네 같은 변태작가는 안 된다"는 이야기를 들었다고 전해질 정도로 이 작품의 수위는 높다(그렇다면 그 장인어른도 이 작품을 봤다는 이야기는 아닐까?). 동경대 재학생의 성 발견기라는 코믹한 설정의 이 작품에서 물론 아니메 특유의 쌍코피 터지는 장면은 수시로 등장하므로 기회가 된다면 한번 감상해보시길 바란다.

그런데 이런 노출 캐릭터는 성인을 타깃으로 하는 아니메에서만 등장하는 것은 아니다. 청소년이나 어린이를 대상으로 하는 주류 애니메이션에서도 여성의 외모는 남성들의 성적 호기심을 자극하는 정도로 등장하곤 한다. 물론 기본적으로, 좋은 스토리라인, 탄탄한 캐릭터, 창조적인 애니메이션 기술이 아니메산업에서 중요한 요소를 이루었지만, 자극적인 장면이 있는 것이 없는 것보다는 더 시청자를 끌 수는 있으며, DVD사업에서 섹시한 장면들이 많은 도움을 줄 것이라는 점에는 의심의 여지가 없다.

우리나라에서도 꾸준히 인기를 끌고 있는 은하철도 999에서도 주인공 철이를 동행하여 보호하는 메텔은 때로는 의외의 장면에서 비키니 수영복 몸매를 보여준다. 때문에 우리나라에서는 어린이들이 보는 이런 작품에서 왜 저런 장면이 나와야 하는가 의아한 적도 많이 있었다.

비너스 전기(1989)는 남성을 타깃으로 하는 전형적인 아니메이다. 이 작품에는 두 식민지 사이의 전쟁에 휘말리게 된 잘

비너스 전기
ⓒBandai Visual

생긴 젊은 오토바이 선수인 세노 히로가 등장하는데, 이 작
품이 소년 만화를 원작으로 한다고 해서 강한 여성 캐릭터가
등장하지 않는 것은 아니다. 사실, 비너스 전기는 두 명의 젊
은 여성을 등장시킨다. 모터사이클을 탄 여전사인 미란다는
어느 남자보다도 거칠고, 담력을 가지고 있으면서도 훨씬 더
섹시하다. 그러나 남자 주인공 히로는 미란다가 아닌 전통적
인 여성상인 마르고를 선택한다.

때로는 눈요깃감인 여성을 배치하면서, 결국 자신이 보호해
주어야 하는 여성을 선택하는 극적 구성을 두고 남성 우월주
의적인 시각이라고 말할 수도 있다. 하지만 이 작품에서 마르
고는 피난민 캠프에서 흩어진 가족을 모으려고 용맹하게 싸
우는 모습을 가진 성숙한 인격체라는 점이 밝혀지고, 비로소
히로는 마르고가 성숙한 여성의 모습을 가지고 있다는 것을
깨달았기 때문에 마르고를 사랑하는 것이다.

53. '변덕장이 오렌지로드'와 여성의 동성애

일본 사회는 우리 사회보다는 동성간의 좋아하는 감정에
대하여 관대한 편이다. 물론 10대에는 우리와 마찬가지로 여

학생간에 손을 잡고 화장실을 같이 가는(?) 모습은 서양에서는 색안경을 끼고 봐야 하는 사항이지만, 우리 사회에서처럼 문제시 삼지 않는다. 하지만 일본 사회는 동성애에 대하여 서구 사회만큼 관대하게 인정하는 것은 아니다. 따라서 동성애를 금지하는 법은 없지만, 일본인들 사이에서 동성애에 대한 매우 배타적인 태도를 가져왔다.

신세기 에반게리온을 제작하여 수많은 마니아를 만들어낸 제작사 가이낙스의 안노 히데야키가 연출한 건버스터トップをねらえ!(1989)에서는 주인공 노리코 타카야가 자신의 동료가 될 카주미 아마노를 처음 보는 순간, 사랑이 아니더라도 로맨틱한 심취의 애니메이션적 표현인 장미꽃잎에 휩싸인 모습으로 표현된다.

기본적으로 아니메에서 보여지는 동성애는 서구 문화 속의 동성애와는 차이가 있을 것으로 생각된다. 서구 문화에 비하여는 우리나라나 일본의 동성애는 동성간의 정신적 유대라는 측면이 더 강할 것으로 생각된다. 특히 여성에 대하여는 그런 측면이 강하다.

반면, 남성의 동성애는 일본에서는 사무라이의 전통에 뿌리를 둔다. 예를 들면 사무라이였던 미나모토 요시츠네는 에도 시대(1601~1868)에 사무라이를 회고하던 당시 사회 흐름 속에서 가부키극 안에서 소녀적 외모가 강조되어 여성배우로 캐스팅되었다. 가부키 극에서의 그의 모습은 용맹한 장수로서의 모습이 아니라 최후의 날을 맞이하는 비극적 주인공으로 묘사된다.

일본은 전통적으로 사무라이의 역사에서 남성간의 동성관계를 수용하였던 문화를 가지고 있기 때문이다. 사무라이는 고대 그리스 사람들이 그랬던 것처럼 남성 동성애를 전사양성과정의 중요 부분으로서 인식한다. 특히, 나이 든 사무라이와 그가 키우는 사무라이간의 관계는 사무라이 세계의 일반적인 모습이었다. 하지만 이상적인 사무라이는 어린 무사와 자는 것을 금하였기 때문에 멀리서 바라보고 지켜줄 뿐이었다. 이런 문화는 전쟁터에서 충성스러운 연인의 확고한 보조는 생과 사를 갈라 놓을 수 있다는 점에서 어쩌면 전쟁의 결과물일지도 모른다. 이와 유사한 것이 과거 타카라즈카 공연에서 여성배우가 맡는 남성 배역을 짝사랑하는 일본 소녀들의 모습일 것이다.

우리나라에서 일본 문화 마니아들 사이에서 높은 인기를 끌었던 변덕장이 오렌지로드(1987)도 일본에서도 10년이 넘게 애니메이션화 되어오고 있을 만큼 생명력이 있는 작품으로 여기서도 동성애적인 내용이 표현된

변덕장이 오렌지로드 ⓒIzumi Matsumoto/Shueisha/NTV/Toho /Pierrot

다.

원래 이 작품은 원작 만화가 그다지 히트를 치지 못하였다. 그러나 아니메로 재탄생하면서 아름다운 음악과 함께 감성적인 표현을 살려냄으로써, 이후 꾸준한 사랑을 받는 스테디셀러가 되었다. 작품 자체가 가진 포스는 대단하여 여주인공의 얼굴이 남자 중고생들 책받침을 점령함으로써, 우리나라에서 1990년대 초 일본 애니메이션의 음성적 붐을 이끄는 데 결정적 기여를 한 작품이라는 의미를 가지고 있다.

히카루와 마도카는 모두 큐오수케라는 소년에게 사랑에 빠져있지만, 또한 친구간에 서로를 아낀다는 사실을 놓칠 수 없다. 결과적으로, 마도카는 더 감성적이고 다소 상처받기 쉬운 친구를 돕기 위해 큐오수케에 대한 사랑을 잊어버리려 한다. 하지만 이 삼각관계는 더욱 심각해지면서 우정과 사랑은 모두 위기에 처하게 되고, 로맨틱한 사랑이 표면화되면 그것은 결국 우정의 종말을 의미한다.

이 작품에서 히카루와 마도카의 우정은 정신적인 영역으로만 남아 있는 것으로 보여지지만, 시청자에게 보여질 때에 둘의 관계는 동성애적인 요소로 비춰진다. 하지만 그런 관계가 부정적인 이미지보다는 불안하고 애틋한 모습으로 그려진다.

동성애에 대하여 오늘날 일본은 예전과는 완전히 다른 양상으로, 일본 사회는 명확히 동성애를 금기시하고 있다. 다른 서양의 문화적 영향처럼, 동성애가 일본인에게 미친 영향은 다양하다. 오늘날 일본에 동성애에 대한 확고하게 정리된 규정은 없다. 이것도 역시 창작자의 개인적 취향에 동성애에 대한 입장이 아니메에 반영된다.

또한 일본의 젊은 여성들은 소프트하게 남성들의 동성애를 표현한 작품에도 관심이 많다. 여성들이 이야기에 매료되는 것은 연애에서 보여지는 평등의 사상 때문이다. 하지만 오늘날 일본에서 이런 사상은 실현되기 어렵다. 남성과 여성은 많은 점에서 다른 삶을 산다. 심지어 사용하는 화법도 달라서 언어는 성의 차이와 가부장제를 강화시킨다.

어쩌면 그런 이유로 대부분 일본인들은 동성간에 더 편안함을 느끼는 지도 모른다. 그 점이 여성 청소년들간의 친구의 우정이 서구 사회와 달리 우리나라나 일본 사회에서 강한 원인 가운데 하나이다. 또한 아니메에 비춰지는 동성간 사랑에 대한 이야기들은 로맨틱한 사랑의 의미와 성질에 대한 성의 장벽이 일시적으로 무너질 수 있는 위험성이 있지만, 동성애자들이 용감하게 성의 장벽에 구애 받지 않고 로맨틱한 사랑을 찾고 있다는 점 때문에 여성 시청자들에게 부러움의 대상으로 인식되는 것이다.

54. '만능문화묘량'과 워킹 맘

주지하다시피 일본은 물가가 비싸다. 때문에 아무리 대기업 부장이라고 하더라도 우리나라에 비하여는 작은 평수의 아파트에 사는 편이다. 따라서 주부가 살림만 하는 경우보다는 미국처럼 여성 역시 직업을 갖는 경우가 많다. 그럼에도 불구하고 아니메에서는 좀처럼 일하는 엄마의 모습은 나타나지 않는다. 그 이유는 아직 직장여성으로서의 엄마로부터 코믹한 역할을 찾기가 어렵기 때문일 것이다. 그러나 일본 사회 역시 많은 여성들이 주부의 역할과 직장인의 역할을 병행하고 있으므로, 그런 작품은 점차로 늘어날 것이다.

직장을 나가면서 가정을 돌보는 주부를 다룬 작품의 하나로 아들에 대한 양육권 쟁탈에 나선 일하는 엄마가 등장하는 만능문화묘량(1992)에서는 이런 엄마의 고충이 잘 드러난다. 아들인 류노스케는 천재이면서도 약간 바보 같은 과학자 아버지의 보호 아래서 생활하게 된다. 불행히도 엄마는 군수軍需업체의 그룹회장이며, 아들을 달래려는 노력으로 모든 군수사업을 포기하려고 한다. 이 작품은 소년의 애완 고양이 '누쿠누쿠'가 부모의 싸움 도중 죽게 되면서 이야기가 시작된다. 아버지는 즉시 고양이의 뇌를 한 소녀의 머리에 이식한다.

만능문화묘량

그 결과, 이 소녀는 외양만 보면 귀여운 소녀이지만, 엄청난 살상력을 가진 인간 병기가 되고 만다. 문제는 이 소녀가 원래 고양이의 뇌를 이식하였기 때문에 간간이 고양이의 습성을 보여준다는 것이다. 때로는 실뭉치를 따라 다니는가 하면 산만한 행동을 보이지만 여전히 귀여운 고양이의 모습을 보이는 것이다. 아빠와 류노스케, 누쿠누쿠, 그리고 아들을 찾으려는 일념으로 의기충천하는 엄마, 그리고 자기 상사를 위하여 몸을 아끼지 않는 여직원들이 슬랩스틱 코미디를 연출하면서 이 작품은 시청자에게 쏠쏠한 재미를 제공한다.

문제는 누쿠누쿠가 너무 강력한 힘을 가지고 있다는 점 때문에, 부모의 싸움 중 어느 한편을 들면 곧 힘의 균형이 무너지게 된다는 것이다. 어머니는 너무 바빠서 시간을 아들에게 쏟을 수 없지만, 모든 것을 가지길 원하는 직장여성의 표상이다. 이 작품에서 소년의 엄마인 아키코에 대한 묘사를 단지 여자혐오증과 슈퍼우먼 콤플렉스쯤으로 치부하는 것이 쉬울지 모르지만, 그 밑바탕에는 자신의 가족을 소중히 사랑하는 주부의 마음이 담겨있어 그런 사랑을 바탕으로 가족이 재결합하게 된다. 가벼운 코미디로서는 적절할 결론일지 몰라도 여성관의 입장에서는 아쉬움이 약간 남는 작품이다.

55. '갈 포스'와 미래 사회에서 여성관

일본은 중세와 근대로 들어오면서 전통적으로 강한 남성우
위의 사회를 형성하여 왔다. 그런 문화는 현대에 이르러서도
남녀의 활동에서 많은 차별적인 요소가 되어 왔다. 더욱이
일본에서는 천황제로 말미암아 천황의 남성적 이미지, 남성중
심적 이미지는 사회 전반에 뿌리 박혀있다.

갈 포스

그런 점에서 미래 사회를 그리는 아니메에서는 여성의 사
회활동을 때로는 과감하게 그려내고 있다. 그래서 SF 아니메
에서 여성들은 대개 직업을 필수적으로 가지는 것으로 그려
진다. 이 점은 여성의 사회진출 확대가 미래 사회에 어울리는
진보적 흐름이라는 점을 일본 사회가 받아들이고 있다는 사
실을 반증하는 것이다.

역사적으로 보면, 아니메는 할리우드 TV 드라마보다 먼저
우주선의 고위 승무원으로 여성을 탑승시켰다. 미국의 TV 드
라마 시리즈인 스타트렉: 보이저에서 여성 선장을 교체 투입
시키기 이미 한참 전에 갈 포스(1986)에서는 모든 승무원이 여
성으로 이루어진 함정에서의 여성 선장을 그린 바 있는데, 어
느 정도는 갈 포스의 영향을 강하게 받고 있다고 평가된다.

일반적으로 보면, 일본 사회에서 여성의 역할에 대한 시각

은 매우 보수적인 편이다. 정부조직과 경제에서 주요 위치는 아직도 남성 중심으로 돌아가고 있고, 고위직 여성의 수는 증가하고 있지만, 아직까지는 소수에 불과하다. 여성문제를 다루며 2006년도 일본에서 베스트셀러가 된 '여성의 품격'의 저자인 반도 모리코 쇼와여대 총장에 의하면, 서구 사회의 30~40%의 여성이 사회에 관리직으로 진출된 반면, 일본은 10%, 한국은 단지 7%라고 한다. 일본은 한국에 비하면 여성의 지위가 다소 높은 편이기는 하지만 다른 분야의 발전에 비하면 많이 느린 편이라고도 할 수 있다. 이 책은 한국과 중국에서도 번역 출간되었는데, 이 책이 동아시아 3국에서 인기를 끌게 된 데에는 이 지역 여성들의 공동된 문제의식이 담겨있기 때문이라고 할 수 있다. 아마도 그것은 여성들이 좀 더 적극적으로 사회진출을 이루고 남녀 평등을 이루고 싶다는 사회적 흐름이라고 생각된다. 그런 면에서 한국인들은 항상 역동적인 면을 보여왔기 때문에 일본을 앞질러 서구 사회와 같은 남녀 평등을 이룰 것으로 기대한다. 특히 한국의 여성들은 김연아 선수나 성악가 조수미와 같이 어려운 여건에서도 이미 여러 분야에서 세계적인 수준의 역량을 선보이고 있으므로 한국 여성의 잠재력은 무궁무진하다고 할 수 있다.

아니메에서는 **우주전함 야마토**와 같은 작품들이 이미 여성

승무원의 비중을 어느 정도 높게 부각시켰다. 모리 유키와 하야세 미사는 여성 승무원으로서 다른 모든 남성 승무원들에 의해 둘러싸여 있다는 사실에도 불구하고 전혀 스트레스를 받는 모습으로 그려지지 않았다. 일본 사회에서 사회지도층의 여성의 수는 계속 증가해왔지만, 아니메는 다른 상황을 반영하고 있다. 패트레이버2에서 부패조사부를 맡고 있는 여성 경찰인 나구모 국장이 그 경우이다. 경찰대학 동창인 남성들에 대항하는 분위기가 형성되어 있다. 남성들은 그녀를 반갑게 맞이하고 그녀의 진급을 축하한다. 남성들은 술자리에도 그녀를 초대하지만, 그녀는 거절한다. 그녀가 자리를 뜨자, 한 남자동료는 그녀가 경찰학교 교수와 사귀었기 때문에 그 교수와는 만나려 하지 않는다고 털어놓는다. 그 남성은 그녀의 모든 자질에도 불구하고 그녀가 여성이기 때문에 경찰간부로서 문제점이 있다는 식으로 이야기를 덧붙인다. 그것은 작은 사건이었지만, 나구모 국장이 자신의 지위에도 불구하고 여성이라는 점 때문에 동료들로부터 멀어져 있다는 것을 나타낸다. 후에 부패한 시 당국이 희생양을 찾을 때, 나구모는 여성이기 때문에 겪는 동료들로부터의 고립이 얼마나 위험한지를 알게 된다.

져지는 성과 직무에 대하여 보다 균형적인 시각을 보여준다. 출세를 노리는 직장간부와 그의 횡령을 도와주는 여성 직원간의 보잘 것 없는 외도는 여비서가 자살로 생을 마감하고 직장간부는 져지에 의해 처단되는 것으로 끝을 맺지만, 다른 한편, 주인공과 여자동료의 따뜻하고 애정 어린 사랑은 위기를 극복하는 정신적 힘이 된다.

일본 사회에서 여성의 사회적 진출의 영향은 **버블검 크라이시스**(1987)에서 주인공들의 여가 생활에서도 반영되어 나타난다. 4명의 여주인공들은 기사기병대에 참여하는 것과는 별도로 직업을 가지고 있다. A.D. 폴리스 내에서의 지위를 이용하여 정보를 제공하는 일을 하는 네네를 제외하고는 다른 여주인공들은 자신의 직업을 가지고 있다. 프리스와 리나는 다소 여성들에게 우호적인 분야인 엔터테인먼트, 건강, 피트니스 분야에서 일한다. 생계를 위한 것이 아니라, 어느 정도 신분 위장의 일환으로 직업을 갖는 부유한 실리아 스팅그레이조차 속옷 가게를 운영하는 것으로 되어있다.

여성운동가들은 정치적인 면과 경제적인 면에 대하여 통일적인 방식을 취해왔다. 그들의 목적은 여성에게 주류 세력에 접근할 수 있는 가능성을 더 올리고, 욕구를 수용할 수 있도록 하는 것이다. 초기에 그런 접근은 성공적이었다. 오늘날 사회에서 여성들은 예전과 같은 노골적인 남성들의 반대를 겪지는 않는다. 하지만 그들이 직면하는 것은 훨씬 더 교묘해진 차별일 수 있다.

반면에 많은 젊은 여성들은 직장의 다른 여성동료들에게서 더 편안함을 느끼게 되었다. 그리고 일본의 여성들은 여성으로 된 조직을 만드는 것을 편안하게 생각한다. 그들은 아니메에서 본 것처럼 전원이 여성으로 된 조직에 푹 빠지게 된 것이다.

때로 미래의 여성의 모습은 잘못된 과학기술의 힘으로 그릇되게 사용되기도 한다. 오토모 카츠히로가 만든 광폭해진 생명보조시스템에 관한 악몽같은 판타지인 노인 Z에서 여성의 힘은 악몽의 형태로 나타난다. 문제는 실험로봇병원의 '침대'가 환자의 죽은 부인인 '하루'의 인간적인 면을 띠면서 시작된다. 많은 전통적 일본인 부인들처럼 '하루'는 남편에 대한 사랑을 엄마처럼 보살피는 것으로 표현한다. 죽어가는 남편이 부인과 함께 마지막으로 해변을 거닐고 싶다는 아름답고 소박한 소원은 세상을 떠난 부인이 로봇의 몸을 빌리게 됨으로써 엄청난 재앙으로 발전된 것이다.

미래 사회는 좀 더 개방되고 개인의 능력을 발휘할 수 있는 사회로 발전될 것이다. 그런 점에서 여성의 사회적 지위 상승은 명약관화하다. 아니메에서 보여준 미래 여성의 모습은 그런 바람의 반영이다.

56. '오! 나의 여신님'과 어리숙한 남성

 텐치, 큐오수케, 켄이치 같은 어수룩한 주인공은 아니메에서 흔히 등장하는 강하고 섹시한 여성 이미지의 다른 측면이다. 그런 어수룩한 주인공들은 서양에서는 잘 나타나지 않은 남성 캐릭터이다. 아니메의 어수룩한 주인공들은 세심함, 부드러움, 신뢰성 같은 실현 가능한 매력을 가진다. 아니메가 좀 더 대중적이 되면서 남성들도 나약한 캐릭터가 사랑 받을 수 있다는 사실을 알고 굉장히 편하게 행동할 수 있을지 모른다.

 아니메는 특히, 여성 작가에 의해 만들어진 아니메는, 종종 여성의 어려움 같은 이슈들을 잘 표현할 수 있는 상황을 만들어 내며 직접적으로 이 문제를 제기한다.

 란마1/2(1989)에서 주인공은 찬물을 끼얹을 때마다 여자로 변하는 남자다. 이런 점은 성희롱과 차별에 대하여 배울 수 있는 비교할 수 없는 좋은 기회를 준다. 특히 란마는 자칭 고등학교 영웅인 쿠노와 실내 스케이트장의 키스 도둑인 산제

닌 미카도의 관심에 대처하면서 무지막지한 남자들을 알게
된다. 그러나 그는 또한 여성으로서의 편리한 점도 있다는 것
을 알게 된다. 스케이트를 배울 때나 크리스마스 캐롤을 부
를 때의 당황스런 순간들은 그에게는 여성인 경우가 더 쉽게
벗어날 수 있는 상황이고, 여성으로서 그는 쾌활한 유머감각
을 발전시킨다. 무술 역시, 란마가 남성일 때 무조건 힘에 의
존하는 것 대신 여성으로서 란마는 스피드, 민첩함, 지혜로움
을 배우게 된다.

결국, 란마는 여자가 된다는 것은 그가 배우자를 이해하기
쉽게 만든다는 것을 알게 된다. 이 작품 처음에 란마와 맺어
지게 되는 왈가닥 여성인 아카네는 닥터 토후를 사랑하지만,
닥터 토후는 여동생 카수미를 사랑하고 있다. 남성일 때의 란
마는 이런 다소 비극적인 상황에 대하여 그녀의 상황을 우습
게 여긴다. 그러나 여자일 때의 란마는 아카네를 동정하고 이
해하며, 우정을 키워나간다.

실은, 아카네가 머리를 짧게 자름으로써 개성을 처음 드러
낸 것도 여성으로 변신한 란마의 도움 덕이다. 아카네는 처음
에는 동생인 카수미의 여성스런 점을 흉내 내려고 노력하여
길게 머리를 유지하였었다. 짧은 머리는 남학생들을 흠씬 두
들겨 패주는 것으로 하루 일과를 시작했던 아카네에 어울리

는 것이었다. 남자들은 정정당당하게 아카네와 겨뤄 이기는 남자가 아카네와 데이트하는 것으로 결정했다. 아카네는 무술실력을 자랑하지만, 그녀 역시 선머슴애로 보이는 것이 신경 쓰인다.

이것은 불필요한 신경같이 보인다. 아카네는 틀에 박힌 기준에 의하면 여성스럽지 못하지만, 그녀는 바로 학교에서 가장 인기 있는 소녀이다. 아카네는 요리, 세탁에 시간을 투자하고 매사에 근사한 말만 하기를 좋아하는 여성스러운 동생 카수미보다 확실히 많은 팬을 가지고 있다. 이 작가의 작품들 속에 등장하는 예쁜 소녀들은 악착같은 면이 있는 것 같다.

아니메에 등장하는 여자들은 일반적으로 능력에 대한 프라이드를 가지지만 그런 능력이 성적으로 적절하지 않은 것으로 보여지지는 않는지 두려움을 가지고 있다. 물론 모든 아니메의 원작 만화가가 이런 점을 의식한다는 것은 아니다. 반대로, 많은 작품들은 젊은 여성들에게 스스로에게 솔직해지라고 격려하고, 남자들은 여성의 솔직한 모습을 받아들이라고 이야기한다. 우리나라 여성들도 아니메 속 얼간이 스타일의 남자 주인공을 좋아하는 것 같다. 물론 얼간이 주인공을 좋아한다고 해서 멋진 로맨스에 대한 상상을 방해하는 것은 아니기 때문이다.

아름다운 여성과 사랑에 빠지는 대표적인 캐릭터가 **오! 나의 여신님**(1993)에서 북구의 여신과 사랑에 빠진 대학 신입생인 케이치일 것이다. 후지시마 코스케 원작의 **오! 나의 여신님**은 전형적인 로맨틱 코미디 장르의 아니메이다. 특히 원작 만화는 세 여신에 대한 캐릭터가 매우 화려한 스타일로 그려져 있어서 캐릭터 상품도 일러스트를 활용한 캐릭터가 꾸준히 인기를 끌고 있다. 작품의 인지도를 바탕으로 1993년 처음 아니메로 제작된 이 작품은 2006년 다시 TV 시리즈가 제작될 정도로 지속적으로 인기를 끌고 있으며, 이 작품의 OST 역시 많은 인기를 끌었는데 특히 'MY HEART 말할 수 없어요, YOUR HEART 알고 싶어요'등이 유명하다.

줄거리는 158cm의 작은 키를 가진 어수룩한 대학생 1학년 케이치는 국수 배달을 주문하려다 우연히 불러낸 북구北歐의 여신 베르단디를 만나면서 베르단디 같은 여인이 항상 자기 옆에 있게 해달라는 소원을 빌어 여신과 사랑에 빠지게 되는 상황에서 출발한다.

이후 케이치는 '존재'를 의미하는 이름을 가진 베르단디 Verthandi와 사랑에 빠지게 되며 베르단디는 두 명의 자매인 우르드Urd(운명), 스쿨드Skuld(필요)와 함께 케이치의 집에 머물게 된다. 이 북구의 신들은 인간의 운명을 조종하고, 다른 세상을 연결시켜주고, 모든 것이 나오는 위대한 세상의 나무인 '욕드라실Yggdrasill'을 돌본다. 베르단디는 케이치에게 청소를 해주고 요리를 해준다. 케이치는 여신 세 자매가 자신과 같이 있게 된 것을 감사하게 생각하고, 여러 가지 어려운 문제들을 슬기롭게 풀어가며 작은 도움을 주면서 그녀들을 보호하려고 한다.

케이치는 자기 감정을 잘 표현하지 못하는 어수룩한 남성상을 보여주는데 이런 모습은 필자를 포함한 많은 남성들이 공감하는 모습이라고 생각한다. 남성들은 어느 정도는 어머니와 같은 사랑을 이성으로부터 받고 싶어하는 본능을 가지고 있으며, 여성들은 이성에게 모성애와 같은 사랑의 감정을 느낄 수 있는데, 이 작품이 그런 심리를 잘 잡아냈고, 그로 인해 오랫동안 시청자들의 인기를 받을 수 있지 않았나 생각된다.

천지무용과 같은 작품이 일본뿐 아니라, 한국이나 미국, 유럽에서 고르게 히트를 치게 됨으로써 어수룩한 남성상에 대한 모성애적 사랑이 시간과 공간을 초월하여 통할 수 있다는 것을 보여주었다고 평가된다. 최근에는 그런 작품들이 적어졌지만, 우리나라 TV 드라마에서도 꾸준히 등장하는 캐릭터로서 앞으로도 이어질 것으로 기대된다.

맺음말

57. 일본인 ; 아니메를 위해 타고난 국민성

콘텐츠산업이 발전하기 위해서는 여러 가지 조건이 형성되어야 한다. 그 중에서도 그 나라의 국민성은 콘텐츠산업 발전의 중요한 요소라고 할 수 있다. 예를 들어, 우리나라 국민의 국민성은 이탈리아인에 비유한다. 두 나라 국민 모두 감정적이기 때문이다. 어떤 면에서는 이탈리아인의 감정적인 성향을 우리가 감히 따라갈 수 없는 부분도 있지만, 무슨 일만 생기면 나타나는 한국인의 '냄비근성'은 아마도 이탈리아인이 따라가기 힘든 전 세계적 우수성(?)이 아닐까 생각된다. 반면 일본인은 냉정하고 치밀한 국민성을 가지고 있다.

이를 반영하듯, 일본은 아니메에서, 한국은 영화, 드라마와 음악에서 두각을 나타내고 있다. 예로부터 우리나라 사람들이 '음주가무'를 즐겼다는 고대 기록이 전해지는데, 우리 대중문화는 개인의 재능에 의존하는데 강하고, 일본인들은 전체가 모여 꼼꼼하고 치밀하게 만드는데 능한 국민성을 가지고 있는 것이다.

일찍이 일본인들은 자신들의 관리 능력과 개인들의 협업 자세를 아니메산업을 발전시키는 데 십분 활용해왔다. 왜냐하면 아니메산업이 성공하기 위해서는 무엇보다 '치밀한 관리 능력'이 필요하기 때문이다. 흔히 하는 말로 아니메는 '도장을 파는' 것으로 비유되는 '그림을 그리는 작업'을 통해서 완성되기 때문이다. 그래서 아직도 일본 아니메산업은 인건비가 상대적으로 저렴한 중국보다는 우수한 노동력을 가진 한국으로 발주되고 있는 상황이다. 그러나 보다 근본적으로 아니메산업이 요구하는 치밀함이란 개인적인 치밀함을 의미하는 것이 아니다. 개인적 치밀함이라고 한다면, 굳이 일본인이 한국인을 앞지른다고도 할 수는 없을 것이다. '치밀한 관리 능력'이란 완벽함을 의미한다.

22분 1편의 TV용 아니메를 만드는 데 필요한 그림 수는 약 8,000매 전후가 소요되므로, 52편을 한 시리즈로 제작하므로 약 45만 매의 그림이 소요된다. 이 그림들이 고안되고, 그려지고, 색칠되고, 촬영되기까지 얼마나 많은 관리 능력이 요구되는지 상상해 볼 수 있다. 일반적인 제작 기간을 6개월로 봤을 때, 아니메는 수백 명의 사람들이 동시에 작업이 이뤄지는 노동 관리적산업인 것이다. 이런 점에서 일찍이 일본인들은 자신들의 관리 능력과 개인들의 협업 자세를 십분 활용해왔던 것이다.

  그런 면에서 일본인의 국민성과 비교할 만한 나라는 전 세계적으로 찾기 어려운 것 같다. 일본인들의 '남에게 폐를 끼치지 않으려는 철저함', 그리고 일본기업들이 보여주는 '사전 조사의 철저함', '자기 책임에 대한 완벽성' 같은 자세를 다른 나라에서 찾기 어려울 정도이다. 다만, 세계대전을 일으킨 나라라는 점에서 독일과 일본이 자주 비교되는 정도이다. 하지만 독일이 2차 대전 패배 이후 자신의 잘못을 깨끗이 인정하고 사죄하는 데 반해, 일본은 틈만 나면 자기들은 잘못한 적이 없다는 논리를 피고 있다는 면에서는 철저한 거짓 논리라는 면에서 독일인이 일본을 따라가기는 어려운 것 같다.

  그런 점에서 야구 경기에 임하는 일본의 야구 영웅 '이치로'의 냉철한 눈매에 일본인들이 열광하는 이유를 알 수 있을 것도 같다. 물론 우리에게도 냉철한 '이승엽' 선수가 있지만 아직까지 우리나라의 많은 스포츠 선수들이 중요한 경기에서 감정에 치우치는 면을 보이고 있지는 않는가? 월드컵 때 인상을 쓰며 상대방 선수와 어깨를 밀치던 우리 축구 선수들은 기억나지만, 일본 선수들의 그런 모습을 찾아보기 힘들다는 생각이 든다. 어쩌면 바로 그 점이 일본이 축구에 약한 이유이며, 국가적으로 야구에 더 많은 관심을 갖는 이유일지 모르겠다.

전 세계적으로 가장 좋은 차를 만드는 나라는 독일과 일본이다. 독일의 벤츠와 BMW, 그리고 일본의 도요타, 혼다, 미쓰시다, 닛산이란 브랜드는 세계 최고의 자동차를 의미한다. 이 자동차 한 대를 구성하는 부품이 약15만 개라고 한다. 이런 부품을 관리할 수 있는 관리 능력을 일찍이 일본인들은 체득한 것이다. 물론, 현재는 한국 나아가 중국이 자동차산업에 뛰어들었기 때문에 자동차산업에서 일본인의 '치밀함'을 이야기하는 것이 뒤늦은 감도 있지만 일제시대에 이미 전투기를 생산했던 일본의 기술력이 빛을 바래는 것은 결코 아닐 것이다.

다른 예로 일본의 TV콘텐츠 판매에서도 그런 문화를 엿볼수 있다. 우리나라에서 IPTV라는 새로운 미디어산업이 시작된 후 많은 해외 업체들이 콘텐츠 판매를 전개해왔다. 그리고 수년의 시간이 흘렀지만 일본의 주요 방송사들은 자신들이 제작한 콘텐츠를 여러 가지 이유를 들어 판매를 개시하지 않았다. 그 대신 그들은 매년 수시로 한국 시장 조사를 전개하여 장기적인 판매 체계 구축을 위한 정보를 수집할 뿐이었다. 이미 일찌감치 미국 주요 방송사/영화사들이 영화/드라마를 판매하고 있는 상황에서도 말이다. 이유인 즉, 자신들의 콘텐츠를 보호하기 위해서라고 한다. 정말 엄청난 '신중함'이 아닐 수 없다. 만약 우리가 콘텐츠를 파는 쪽이었다면 바로 눈앞의 이익을 포기하면서까지 미래를 내다보는 신중함을 견지할 수 있을까?

물론, IT시대에 '신중함'은 시기를 놓치는 우를 범하는 실책일 수도 있다. 하지만 일본인의 '치밀함'은 우리가 본받아야 할 점이다. 이런 일본인들의 신중한 눈빛에서 100년 전, 운양호 사건에서부터 민비 시해, 한일 합방조약 체결에 이르기까지 한 발짝 한 발짝씩 조선을 합병해나가기 위해 치밀하게 움직였던 그들의 아버지 세대를 떠올리는 것은 결코 무리한 연상은 아닐 것이다.

독도도 자신들이 빼앗긴 영토라고 주장하는 일본의 논리는 치밀한 국민성을 가진 사람들답게 철저한 준비와 사회적 여론화 속에서 정작 독도의 주인인 한국인들을 코너로 몰아붙여왔지만, 이 문제에 대하여도 우리 국민들은 매우 감정적 반응을 보여 왔다. '전쟁'을 불사하겠다는 듯한 감정적 발언들이 대거 인터넷과 방송사의 토론 방송에 쏟아졌다.

하지만 이런 대응은 우리가 전쟁으로 일본에게 이길 수 있는 경제력, 군사력을 가지고 있지 않다는 면에서 자기 위안일 뿐이다. 영토 문제는 국제 사회에서 인정받는 편이 훨씬 더 우리 같은 상대적으로 약한 나라에는 필요한 것 같다. 반면,

일본은 독도 문제에 있어서 매우 치밀하게 움직여 온 듯하다. 미국 지명위원회가 독도의 영유권을 우리나라에서 무소속으로 변경하는 시점 직전에 일본 교과서 해설서에 이 문제를 공식적으로 집어넣은 것도 사전에 이런 정보를 확보하고 있다는 짐작을 낳게 만들었다. '혈서'는 독도가 우리 땅이라는 것을 증명하기 위해서 필요한 것은 아니다. 단지 우리가 화가 났다는 사실을 보여줄 뿐이다.

만약 한국인이 일본인의 '치밀하고 완벽한' 태도를 배울 수만 있다면, 우리나라의 국력은 훨씬 더 잠재력을 발휘하게 될 것이라고 믿는다. 그러나 우리가 **우주전함 야마토**나 **케로로 중사**를 즐기면서, 일본인들의 장점은 배우려 하지 않는다면, 우리가 사랑해왔던 **우주전함 야마토**나 **케로로 중사**의 정복 대상은 악의 세력이 아니라, 바로 우리 한국인 자신이 될 수 있다는 점을 잊지 말았으면 좋겠다.

58. 아니메 ; 우리에게 주는 메시지

원래 일본인 스스로를 위해 만들어진 일본의 아니메산업은 80년대를 거치면서, 그 독특한 재미와 완성도에 매료된 해외 방송국에 의하여 자연스럽게 전 세계적인 '아니메' 붐을 일으키면서, 이제 세계인을 위한 엔터테인먼트로 발전되었다. 그 결과, 일본인들의 독특한 정신세계를 바탕으로 만들어지는 일본 아니메는 우리나라에서 왜색이니, 침략주의 문화니 하며 비판을 받아온 반면, 전 세계적으로는 미국 영화의 소재로 많이 채택될 정도로, 세계 영상산업에 많은 영향력을 행사하면서, 우리나라뿐만 아니라, 전 세계에서 하나의 인기 장르로 자리를 잡고 있다. **짱구는 못 말려**와 같은 코믹 작품에서부터 **이웃의 토토로**와 같은 작품성 있는 아니메 영화에 이르기까지 수많은 작품들이 많은 이들에게 기쁨과 감동을 안겨주어 온 것이 우리나라뿐만 아니라, 전 세계에서 하나의 공통된 현상으로, 스트레스로 가득 찬 이 세상에서 사람들은 환상이 필요하며, 아니메가 그런 청량제 역할을 해내고 있는 것이다.

　돌이켜보면, 우리 세대가 어린 시절을 보냈던 1970~80년대, 우리나라 어린이들이 즐겨보았던 TV 만화영화 중 상당수는 일본에서 만들어진 것이었지만, 지상파 방송사에서는 이 만화영화들이 일본에서 온 것이라는 사실을 숨겼고, 우리 국민들은 이 재미있는 만화영화가 일본에서 만들어졌다는 사실을 잘 알지 못한 채 지나쳤다. 심지어, 만화영화 주제가는 우리나라 사람이 작사 작곡한 것으로 왜곡되어, 어린시절, 그런 만화영화를 보고 자란 사람들은 90년대에 들어, 한일전에서 **마징가Z** 주제가를 부르다가 일본인의 재미있어 하는 반응을 보고는 그 만화가 일본에서 만든 것이라는 사실을 알고 머쓱해졌다는 이야기들을 많이 듣곤 했다. 생각해보면, 우리 어릴 적 MBC방송의 어린이 만화영화 주제가는 왜 하나같이 '마상원'이란 사람이 작사 작곡을 했는가 의아해했던 기억이 난다. 아마도 방송사의 편의상, 일본의 주제가를 그대로 우리말로 번안하여 방송에 사용하면서, 방송사 소속 연주자인 누군가의 이름을 빌려 쓴 것이라고 짐작하면 쓸쓸함을 금할 수 없다.

하지만 그런 상황은 1980년대 들어서면서, 비디오가 우리 사회에 급속히 보급되면서, 일본 아니메는 점차 지상파 방송을 벗어나 우리 사회에 본격적으로 퍼져나가기 시작하였다. 그 가운데에는 문화적 Early Adaptor인 오타쿠 성향의 청소년 그리고 대학생들의 열광과 입소문이 큰 역할을 하였다. 그들은 비디오로 자기가 좋아하는 작품을 복사하고, 때로는 복사본 비디오를 구매하여 아니메 클럽을 자발적으로 조직하였다. 그 때는 아직 일본 대중문화가 법으로 금지되었던 시절로, 그들은 마치 운동권 학생이 민주화를 위해 투쟁하듯, 금지된 선진예술을 설파하는 전도사 역할을 서슴치 않았고, 자신의 용돈을 아끼지 않았다. 바로 아니메가 1980년대 우리 사회에서 음성적으로 가장 많은 사랑을 받은 대중문화예술 장르로 퍼져나갔던 것이다. 그 결과, 일본 아니메의 세례를 받은 젊은이들이 그 영향으로, 1990년대에 들어서면서, 아니메 업계에 직접 투신하였다. 마치 운동권 학생들이 사명감을 가지고 공장에 위장 취업하여 노동운동을 하듯, 전도유망한 유명대학 미술 전공자들이 철야근무의 열악한 하청작업환경에 처해있던 당시 아니메 업체에 투신하여 꿈을 불살랐던 때이다.

당시에 일본의 유명감독과 일본의 아니메 업계 풍토는 우리 젊은이들에게 동경의 대상이었고, 우리는 열등의식에 사로잡혔었다. 당시 미야자키 하야오 감독의 작품들은 가뭄 속의 단비처럼 젊은이들의 아니메에 대한 동경을 불러일으키는 역할을 해주었다. 그는 위대한 영화감독으로서, 신화적 시각과 인간의 감수성을 절묘하게 배합하였을 뿐 아니라, 기존의 틀을 깨고 서구 사회가 어린이용으로 한정짓고자 했던 아니메에서 새로운 작품을 만들어냈기 때문이다. 특히 우리나라 젊은 아니메 종사자들에게서도 존경하는 많은 일본의 연출자들이 있었지만, 가장 대중적으로 사랑을 받았다. 1990년대 그의 인기는 절대적이어서, 한국의 많은 아니메 관련 종사자들에게 그는 넘지 못할 벽으로 인식되어왔다.

1990년대 후반부터는 열악한 사업환경 속에서도 많은 실험과 노력들이 이뤄져, 많은 환경적인 한계에도 불구하고 **뽀롱뽀롱 뽀로로**와 같은 유아 아니메 등 특정 분야에서는 세계적 수준에 이르는 발전을 이뤄내게 되었고, 미디어 환경에서도 2000년대 들어서, 일본 문화개방이 많이 이뤄진 상태에서 더 이상 일본 아니메는 음성적인 시네마테크나 오타쿠의 문화가 아니라, 지상파 방송, 케이블 방송에서 쉽게 접할 수 있는 '대중적'인 대중문화가 되었다.

하지만 정부의 아니메산업 지원정책은 산업 환경 자체의 자생력을 키워주지 못하는 한계 때문에, 대부분의 분야에서는 해외시장에서 일본 아니메의 벽을 넘지 못한 미완의 정책이라는 한계를 보여주고 말았다.

이제는 IT의 시대이다. 일본 아니메가 자국시장에서 침체의 경향을 보이는 가운데, 한국에서도 아니메산업은 위축되어, 80년대에 아니메에 많은 젊은이들이 열광했듯이 오늘날에는 게임 개발과 IT산업으로 유능한 젊은 인력들이 대거 이동하고 있다.

이제는 왜 일본 아니메는 저토록 세계시장에서 자리 잡을 수 있었고, 왜 우리는 그렇게 할 수 없는가? 어떻게 하면 자생력을 갖춘 문화산업을 만들어 낼 것인가? 라는 고민을 한층 더 성숙시켜 세계적으로 우리 국민에게 가장 경쟁력이 있다고 말해지는 IT시대를 맞아 이제 대중문화에서도 우리 사회의 수준을 한층 높여야 할 때이다.

색 인

아니메에서 일본을 만나다

초판 1쇄 발행일 2009년 5월 1일

지은이 조성기
펴낸이 박영희
편집 이선희
표지 강지영
교정·교열 이은혜
책임편집 강지영
펴낸곳 도서출판 어문학사
     132-891 서울특별시 도봉구 쌍문동 525-13
     전화: 02-998-0094 / 팩스: 02-998-2268
     홈페이지: www.amhbook.com
     e-mail: am@amhbook.com
     등록: 2004년 4월 6일 제7-276호

ISBN 978-89-6184-066-8 93910
정가 12,000원

※잘못 만들어진 책은 교환해 드립니다